Dando a Largada
SEU DISCIPULADO CRISTÃO

JumpStart Volume Two
Portuguese Edition

Dr. Paul M. Reinhard

Editora *Out of the Box*
San Bernardino

DIREITOS AUTORAIS E PERMISSÕES

Dr. Paul M. Reinhard

Direitos autorais 2015

A permissão é concedida para citações de
parágrafos para uso em igrejas ou em pequenos grupos.
exercícios e perguntas individuais
podem ser usado por igrejas, capelas e pequenos grupos.
A cópia e uso de sessões completas
deve ser somente por aprovação escrita do autor.

PAULMREINHARD@GMAIL.COM
Tel. +1 909-855-9695 (EUA)

As citações das escrituras são tomadas da Almeida Revista e Corrigida (ARC)
Copyright © 2009 Sociedade Bíblica do Brasil.
Todos os direitos reservados / All rights reserved

Arte -final de capa licenciada através de Istockphoto.com

Tradução Para o Português por PICCI
Edição em Português, Maio de 2017

PICCI is a family owned and operated business in Colton, California. Our translation and interpretation department offers *the best* and *most reliable translation and interpretation services* you can find for *all your English to Portuguese and Portuguese to English translation needs*. We craft language so that your message gets across to your target audience in clear and effective ways. Visit us at: www.piccipimentacollegeconsultinginternational.com

A PICCI é uma empresa familiar localizada no Sul da Califórnia, EUA. Nosso departamento de tradução e interpretação oferece *os melhores e mais confiáveis serviços de tradução e interpretação que você pode encontrar*. Atendemos todas as suas necessidades de tradução do Português para o Inglês e vice-versa. *Nossa paixão é fazer com que sua mensagem chegue ao seu público-alvo de maneira clara e efetiva.* Visite nosso site:
www.piccipimentacollegeconsultinginternational.com

O NASCIMENTO DO DANDO A LARGADA:

Você está segurando um livro único em suas mãos. Não há nada que se compare a ele.
O Pastor Paul estava sentado no restaurante Georges em Colton, na Califórnia, quando seu amigo Frank repentinamente lhe perguntou: "Então, o que você vai escrever?" Ele sabia que Paul estava pensando e orando sobre essa questão por muitos meses, enquanto cursava o programa de doutorado com ênfase em Ministério no Seminário Golden Gate. Ele estava pensando seriamente sobre as questões de discipulado, liderança e mentoria. A conclusão a que chegou foi que a maioria das igrejas não tem um programa sólido de mentoria para novos crentes. E, isto representa uma parte crítica do processo de discipulado. Paul orou e pensou na sua jornada pessoal, nas tantas passagens bíblicas e tópicos que o ajudaram a encontrar a Cristo e a crescer em sua fé. Ele pensou no processo aleatório que ele mesmo teve que seguir por muitos anos.

Enquanto Frank foi ao balcão para buscar o seu prato, Paul tirou uma caneta e um bloquinho de anotações e escreveu: No Jardim começou A SEPARAÇÃO. Cristo fixou na cruz, A SOLUÇÃO. Nosso primeiro passo de obediência é o batismo, O BANHO. Quando subimos da água, recebemos o Espírito Santo, O PODER. O novo convertido precisa estudar a palavra de Deus, A ESPADA, para saber sobre Ele e também crescer. À medida em que ele cresce na fé, a oração torna-se essencial, A CONEXÃO. Neste momento, Frank voltou com sua comida e Paul disse para ele "Não diga uma única palavra. Estou escrevendo." Frank sorriu e começou a comer.

Deus chama todos os seus filhos para servir, O CONVITE. Se você vai realizar uma obra no Corpo de Cristo você precisa de ferramentas, O EQUIPAMENTO. Se Deus nos dá dons, devemos usá-los, A MORDOMIA. Jesus tinha um plano para alcançar o mundo, MISSÕES. É essencial que cumpramos o plano de Deus de acordo com as suas instruções, O MÉTODO. Se vamos servir a Deus e fazer discípulos, devemos saber como nos comportar, O QUE DEVEMOS FAZER e o QUE NÃO DEVEMOS FAZER. Deus chama líderes, professores e mentores para um padrão mais elevado, por isso é essencial formarmos um excelente CARÁTER. Os crentes devem saber como é a vida saudável da igreja, O CORPO. Por último, o povo de Deus precisa de uma base bíblica para grandes grupos, pequenos grupos e mentores, O MODELO.

Frank estava terminando a sua refeição. A do Paul já tinha esfriado.
O esboço para o livro *DANDO A LARGADA* começou assim. Uma intensa temporada de oração e preparação finalmente estava sendo colocada no papel. Paul escreveu as Sessões do livro, pregou-as na igreja e finalmente as usou como projeto no seu curso de doutorado: DANDO A LARGADA: FORMAÇÃO CURRICULAR PARA TREINAMENTO DE MENTORES PARA SER UTILIZADO NA COMUNIDADE CRISTÃ NORTHPOINT.

A oração do Paul é para que mentores, mentorados, pequenos grupos e igrejas abram seus corações a Deus e uns aos outros, mergulhando fundo na preciosa Palavra de Deus. Seu desejo é que almas sejam salvas, vidas sejam transformadas, e a nossa fé seja aumentada, correntes quebradas, e que mais discípulos sejam feitos e grandes líderes sejam levantados no Reino de Deus. Paul sabe que é necessário muito mais do que o *Dando a Largada*, para que tudo isso aconteça. Porém, cada viagem deve ter um primeiro passo! Os novos crentes precisam de uma jornada lógica de descoberta espiritual. Precisamos de raízes antes que possamos florescer. Que Deus abençoe sua jornada!

BEM-VINDO AO DANDO A LARGADA
Sua Jornada com

Como você se conecta a uma nova Igreja?
Como você descobre os fundamentos da fé cristã?
Como você começa o processo de preparação para o serviço cristão e a liderança?

Você está prestes a iniciar uma jornada de dezesseis semanas. O *Dando a Largada* será o ponto de ignição deste momento tão importante em sua vida espiritual. Se você é novo na fé cristã, este é um ótimo lugar para começar. Você vai cobrir os pontos básicos. Se você é novo na vida da igreja, este programa lhe dará um sentido claro da missão e do método de Deus. Se você está pronto para se envolver no serviço ou na liderança, isso chamará, desafiará e equipará você para saber, crescer e obedecer ao "Ide." Há algo para todos.

Você está prestes a experimentar dezesseis temas super-interessantes. Ao longo da semana você lerá as Escrituras, responderá algumas perguntas de reflexão e memorizará os principais versículos. Então, você se encontrará com o seu mentor ou grupo pequeno para compartilhar o que o Deus lhe mostrou. Este é o momento em que ferro afia ferro. Isto é, quando você compartilha, pergunta, ora, chora, ri e cresce espiritualmente. Este é o seu momento especial para se encontrar com Deus e pessoas que te amam.

Ao iniciar a sua jornada com o *Dando a Largada*, mantenha sempre o objetivo final em mente. A Minha oração é para que você assuma um compromisso sério com Deus, podendo desta forma ativamente servir a Deus como CONQUISTADOR DE ALMAS E FAZEDOR DE DISCÍPULOS!
Eu quero ajudá-lo a encontrar a Cristo, conhecer a Cristo, crescer em Cristo, seguir a Cristo e servir a Cristo. Ao submeter-se ao seu senhorio, Ele revelará quais são seus dons espirituais e chamada para atuar no Corpo de Cristo e no mundo. Use esses dons para Sua glória.

Creio que Jesus Cristo chama todos os discípulos a fazer discípulos. Os seguidores de Cristo convidam outros a seguir a Cristo. Este processo surpreendente é milenar. Deus envia pessoas para as nossas vidas a fim de nos encorajar em nosso crescimento espiritual e, depois nos usa para ajudar a encorajar a outras pessoas também. A igreja Americana moderna tem feito um grande trabalho em termos de adoração e reuniões de pequenos grupos. A minha oração é que o *Dando a Largada* preencha a lacuna que existe em termos de discipulado e, eventualmente acenda uma chama ardente em seus corações.

Ao longo do caminho eu estarei sempre enfatizando a importância de conectar-se a sua igreja local por meio da celebração e dos grupos pequenos. Creio que adoramos juntos no Culto de celebração. Compartilhamos a vida juntos no grupos. Crescemos e nos aprofundamos nas coisas espirituais no processo de mentoria. Não fique preso aos nomes que eu utilizo. Realmente o mais importante de tudo são as referências bíblicas que estudaremos juntos. Essas referências acabarão por fazer com que os nomes apareçam de uma certa forma.

Estou muito animado com o fato de Deus, por meio do *Dando a Largada*, ter nos dado a oportunidade de estarmos juntos nesta jornada. Somos pecadores salvos pela graça. Somos peregrinos na estrada do Senhor. Nenhum de nós pode dizer que chegou ao destino final. É um fato que nenhum de nós tem todas as respostas. No entanto, isto não deve impedir-nos de continuar indagando enquanto proseguimos em nossa jornada. Obrigado pelo privilégio de estudar *Dando a Largada* lado a lado com você. Eu te amo em Cristo Jesus e eu estarei sempre orando por ti.

COMO COMEÇAR
O TREINAMENTO DE MENTORIA
DANDO A LARGADA NA SUA IGREJA

Se você quiser agendar um treinamento de mentoria
Dando a Largada na sua igreja ou organização
Entre em contato com o Pastor Paul.

Paul também está disponível para evangelismo,
pregação e treinamento em pequenos grupos.

Paul foi pastor titular da Igreja NorthPoint Christian Fellowship
Em San Bernardino, Califórnia, por vinte e um anos.
A Liderança do pastor Paul foi um fator decisivo para enfrentar grandes desafios pelos quais a igreja passou. Dentre eles se destaca um grande incêndio criminoso que custou a igreja $4,000,000 para a reconstrução do santuário, uma terrível divisão, falência da empresa de seguros que asegurava a igreja deixando as dividas e despesas para os membros. Depois de algum tempo, a igreja fez uma mudança de nome e de constituição/estatutos. Fizeram uma campanha para levantar fundos capital para manter o templo e atividades. Durante algum tempo, os membros se reuniram em uma hospedagem da Sociedade beneficente da Elks Lodge.

A paixão do pastor Paul é treinar pastores e igrejas que estão
enfrentando provas e transições, ajudando a discernir
sua visão para a sua próxima etapa no ministério.

Paul pode ser encorajador, instigante e as vezes meio irritante.
Qualidades que todo pastor que é ex-membro da
Unidade Especial do Exército Americano "Green Beret!"

Contato:
1-909-855-9695 (EUA)

Email:
PAULMREINHARD@GMAIL.COM

Guia de Jornada do Dando a Largada

Introdução:

A cada semana vamos apresentar a sessão, dando uma idéia geral do tópico que você vai estudar. O *Dando a Largada* tem a intenção de ajudar a qualquer pessoa interessada a se tornar um cristão. Um cristão a se tornar um membro ativo na igreja local. Um membro ativo a se tornar um DISCÍPULO GANHADOR DE ALMAS E FAZEDOR DE SEGUIDORES DE CRISTO. É minha oração que este estudo seja uma chave na abertura de caminhos e que possa contribuir de maneira significante para a formação e preparação de líderes que venham a ganhar cidades para Jesus, uma pessoa de cada vez.

Versículo chave:

A Palavra de Deus é viva e eficaz. É a nossa espada. Ela tem o poder de repreender, corrigir, educar e treinar todo aquele que estiver buscando servir a Deus. Cada semana você passará um tempo lendo as Escrituras. As Sessões começam com um tópico baseado na Palavra de Deus. Dedique tempo para ler a Palavra. Medite na Palavra. Reflita sobre a Palavra. Saboreie a Palavra. À medida em que a Palavra de Deus vai entrando nas profundidades do seu ser, você sentirá sua mente e seu espírito sendo transformados por Deus. A Palavra fará com que você se una ainda mais a Cristo, distanciando-se ainda mais do mundo. De um modo surpreendente, a palavra cortará as correntes que o prendem ao passado, equipando-o para um futuro magnificente de serviço.

Cada semana haverá um versículo chave para Memorização e Reflexão. Este versículo será o coração da Sessão. Passe tempo meditando sobre o versículo-chave todos os dias. Isso permitirá que o tema da semana opere no seu espírito e estimule o seu pensamento.

Lição:

Durante a Lição, você examinará as Escrituras relacionadas ao tópico da semana. Haverá alguns comentário, mas nada de forma exaustiva, testemunhos e anedotas. Sobretudo, haverá perguntas e algumas anedotas que vou compartilhar. As perguntas são importante para guiá-lo no significado maravilhoso das Sagradas Escrituras. Estes não serão estudos exaustivos da Escritura, mesmo porque, o estudo da palavra é algo que fazemos ao longo das nossas vidas. Muitos líderes cristãos tem se referido às porções das Sagradas Escrituras como sendo de grande ajuda na sua jornada espiritual, na maneira em que foram distribuidas no *Dando a Largada*. Tudo isso pode ser encarado como revisão ou ainda como introdução a uma vida inteira de estudos emocionantes da Bíblia.

Conclusão:

Encerrando esta parte, eu estou certo de que você encontrará alguns pensamentos desafiadores. Nosso desejo é que cada sessão abra seu pensamento a um conceito-chave em sua fé cristã. No decorrer das semanas, você construirá sobre a base do que aprendeu e aprofundará sua compreensão do que significa viver, servir e ministrar como cristão. Aprender é o primeiro passo para se tornar alguém melhor, consequentemente, essa transformação levará você à realização do propósito de Deus. Eu quero que você seja alguém que faz muitas coisas excelentes em Cristo Jesus.

Visão Geral das Sessões do Dando a Largada: Seu discipulado cristão
Volume 1

#1.   A Separação   Deus te criou para que você seja que tipo de pessoa? Para que você faça o que? O que aconteceu para estragar tudo isso?

#2.   A Solução   Adão e Eva perderam, mas Jesus Cristo recuperou tudo.

#3.   O Banho   Tomar banho é parte da limpeza! O batismo é a proclamação pública de sua nova vida em Jesus Cristo.

#4.   O Poder   Deus lhe deu uma incrível fonte de poder, educação e conforto. Quem é o Espírito Santo, e que posição ele ocupa em sua vida?

#5.   A Espada   Os cristãos têm inimigos. Você é um soldado em uma batalha. Deus lhe deu uma arma muito poderosa. Use a espada da alma, que é a Palavra de Deus.

#6.   A Conexão   A oração é o telefone que faz a conexão. Nosso Deus nunca perde uma chamada.

#7.   O Convite   Deus tem um grande trabalho para seus filhos realizarem. Quem ele chama? Quem Ele usa? O que Deus tem para você fazer?

#8.   O Equipamento   Você precisa de ferramentas para o trabalho. Deus deu a cada um de seus filhos dons espirituais maravilhosos, talentos e habilidades. Que dons Deus te deu para realizar o ministério para o qual Ele te chamou de um modo tão singular?

Visão Geral das Sessões do Dando a Largada: Seu discipulado cristão Volume 2

#9. A Mordomia — Por que somos filhos de Deus? Por que Ele nos deu coisas para realizar? Ele nos dará recursos para fazer coisas em seu nome. Quando conseguirmos visualizar a nós mesmos como porta-voze de Deus conectados ao mundo, então a forma em que usaremos nosso tempo, nosso talento e tesouro será completamente mudada.

#10. A Missão — Deus nos chama para compartilhar suas boas novas com o mundo. Começamos esse processo com nosso próprio OIKOS. [Nosso círculo imediato de influência.] Você já interage com esse grupo de mais ou menos 8 a 15 pessoas semanalmente. Deus quer alcançá-las através de você.

#11. O Método — Jesus chamou seus seguidores de discípulos. Depois, capacitou cada um Deles para fazer outros discípulos. Somos parte desta antiga linearidade. Como podemos fazer o mesmo?

#12. Devemos Fazer... — Quais são as coisas apropriadas para os cristãos fazerem?

#13. Não Devemos Fazer... — O que Deus pede aos cristãos que não façam?

#14. O Caráter — O caráter é um requisito fundamental para o líder cristão. Qual é o padrão de Deus para seus líderes? Como é que um líder de Deus deve agir? Qual é o preço do mau caráter?

#15. O Corpo — Quando você se torna um cristão Deus te recebe em Sua família. Como devemos trabalhar juntos no seu Corpo, que é a Igreja?

#16. O Modelo — A última sessão do *Dando a Largada* examinará o papel de grupos, células (grupos pequenos), e mentoria na história bíblica. Algumas igrejas podem utilizar outros termos ao se referir ao mesmo tipo de ministério. O importante é desenvolver um crescimento saudável nos três campos citados.

Agradecimentos:

Estou relutante em dizer obrigado porque tantas pessoas me ajudaram na minha jornada da vida até agora e, eu não quero deixar ninguém fora. Portanto, a todos vocês que fizeram parte da minha jornada, por favor aceitem meus humildes agradecimentos.

A minha querida e adorável esposa Karen, digo muitíssimo obrigado. Você foi comigo para Tujunga, Glendale, Sunland, Fresno, e Nova Jersey, e de lá para San Bernardino. Você fez de tudo um pouco para me ajudar enquanto eu estudava e você fez de tudo para me ajudar no ministério. Quando a maioria das mulheres estão se preparando para se aposentar, você me permitiu fazer uma reviravolta e cursar um doutorado. O *Dando a Largada* não existiria se não fosse por sua incrível boa vontade e perseverança comigo. Eu te amo, te honro e te agradeço. O melhor está por vir.

Meus filhos amados que deixaram seus amigos quando nos mudamos da cidade de Fresno. Nunca esquecerei a noite em que vocês olharam para mim na mesa da cozinha e disseram: "Se Deus está chamando você para estudar na Filadélfia, é melhor você ir. E nós iremos também!" O que mais um pai pode desejar? Vocês cresceram, se casaram e agora tem filhos que amam e servem a Cristo. Estou tão orgulhoso de todos vocês!

A minha mãe, pai, irmã e família em Glendale eu digo obrigado. Vocês me mostraram como uma família deve ser. Sempre presentes em cada aniversário, dia das mães, dia dos pais, e feriado. Vocês sempre me demostraram amor. Sei que sempre terei um lugar junto a mesa de Vocês.

Para o pessoal do Camp Fox, o Sr. Stewart, os Navegadores de Fort Bragg, e o Capelão Stephenson, estou grato por me ensinar sobre Jesus. Aos Doutores David Brown, Howard Taylor, Bruce Baloian, e Ralph Neighbor, Jr., agradeço por sua paciência, persistência e fé em um estudante às vezes tributário e problemático. Ao Michael Weiss que acabou de enviar o *Dando a Largada* para Irmãos na República do Congo, traduzirem para o Swahili, o que posso dizer? Você é meu irmão amado. Obrigado, Leslie, Darla, Traci, e John por editarem minha bagunça.

Para a minha família da igreja NorthPoint que me ajudou a lutar durante o meu doutorado (lendo, criticando, e testando o *Dando a Largada*), digo que eu amo a todos. Muito obrigado. Sua vontade de me encorajar vai além do que palavras podem expressar. Dar-me asas era o plano de Deus.

Por último, a minha equipe de revisores, incentivadores, questionadores e guerreiros de oração que estão no estado do Texas. Perry, Della, Pat, Stan, Frank, Darla, Traci, Karen, Paul Alton Sandifer, Teri e todos os seus filhos. Eu amo e estou orgulhoso de ser um de vocês.

E a todos que passarem tempo com o *Dando a Largada*, eu os abençou. Oro para que Deus os edifique, os envie, cure, preencha, e abençoe cada um para sua glória de maneira nova e surpreendente! Que o *Dando a Largada* seja uma sementinha de mostarda nas mão de Deus. No nome poderoso de Jesus, Amém!

Dando a Largada Sessão 9
"O Mordomo"

Introdução:

Pense em todas as coisas sob sua influência. Imagine o seu carro, casa e contas bancárias. Adicione um cônjuge e filhos se você os tiver. Pense sobre seu trabalho, ministério e hobbies. Na verdade, tome tudo sob seu controle e coloque tudo em uma grande pilha imaginária. Agora faça a pergunta chave: Você é o proprietário ou o mordomo? Tudo isso pertence a você? Ou, você administra tudo para outra pessoa? Esta semana vamos passar o tempo explorando as implicações desta pergunta!

Versículos Chave para Memorização e Reflexão: Lucas 16: 10-11 (ARC)
¹⁰ Quem é fiel no mínimo também é fiel no muito; quem é injusto no mínimo também é injusto no muito. ¹¹ Pois, se nas riquezas injustas não fostes fiéis, quem vos confiará as verdadeiras?

Lição:

Nosso versículo chave estabelece um desafio muito claro nas palavras de nosso Senhor Jesus. Fidelidade e honestidade nas coisas pequenas são degraus para se atingir coisas ainda maiores. As coisas terrenas são degraus para as coisas celestiais. A maneira com que lidamos com as nossas posses aqui na terra são fatores determinantes em relação à nossa eficácia espiritual no Reino de Deus.

Há um espectro muito amplo de pensamento sobre o dinheiro na igreja cristã de hoje. Madre Teresa viveu com nada, enquanto há pastores bem conhecidos do público americano, que são multi-milionários. Em 2014, o Papa Francisco viveu em um modesto apartamento enquanto um bispo alemão estava construindo uma propriedade de 43.000.000 Euros. Eu luto no meio de tudo isto. Eu não sou rico pelos padrões americanos, e nem vivo na pobreza por um padrão mundial maioritário. Deus e eu falamos em uma base regular sobre o quanto é o suficiente e quanto é demais.

Oro para que esta sessão ajude a todos nós em nossa jornada e que cada um de nós continue buscando a vontade de Deus para nossa mordomia de Seus recursos!

Oração: Senhor, eu ponho minha vida financeira a seus pés. Abro meu coração e peço que você venha e seja meu professor. Liberte-me dos ensinamentos e das tradições do meu passado que atrabalham meu relacionamento com o Senhor. Quebre a escravidão financeira dos caminhos do mundo em minha alma e me liberte para segui-Lo. Mostre-me como é a verdadeira mordomia cristã! Então, ajuda-me a praticá-la!

Em nome de Jesus amém

1. Pense na sua família de origem. Responda às seguintes perguntas com base nas experiências e treinamento que você recebeu durante a sua infância.

A. Sua família falou abertamente sobre dinheiro, ou era um assunto secreto?

_____
_____
_____

B. Sua família se viu como proprietários ou mordomos? Por que sim? Por que não?

PROPRIETÁRIO
"Todo esse material que eu ganhei por conta própria é meu!"

MORDOMO
Uma pessoa que gerência os assuntos ou a propriedade para outro.
"Tudo isso pertence ao meu chefe!"

_____
_____

C. Sua família tratou a Bíblia como seu guia financeiro?

_____
_____

D. Havia outra filosofia, pessoa ou ensino orientando suas decisões financeiras?

_____
_____
_____
_____

2. Agora, pense no hoje. Responda a estas perguntas com base em seus sentimentos, práticas e compromissos atuais.

A. Quando se trata de posses, e recursos você se vê como um proprietário ou um mordomo?

_____
_____

B. Em uma escala de 1 a 10, com 10 sendo sempre e 1 sendo nunca,

COM QUE FREQUÊNCIA OS PRINCÍPIOS BÍBLICOS DIRIGEM SEU MANUSEIO DAS FINANÇAS E DOS SEUS BENS ?

#_____

3. Comece com a Palavra do Senhor como dada através de Moisés.

A. O que Deuteronômio 8: 11-20 nos diz sobre a verdadeira fonte de riqueza?
_____
_____
_____

B. Qual é o aviso?
_____
_____

C. Como isso se sincroniza com o pensamento americano moderno sobre o dinheiro e as posses?
_____
_____
_____

4. A quem pertence o seu corpo? 1 Coríntios 6: 19-20 (ARC)
_____
_____
_____

5. E o seu tempo?
A. Êxodo 20: 8-11
_____
_____

B. O que os discípulos fizeram em Lucas 5: 10-11?
_____
_____

C. Quantas vezes nossas vidas devem refletir a vontade de Deus? Colossenses 1:10
_____
_____

6. Jesus dá uma palestra muito ponderada sobre o que o fiel gerente, mordomo ou servo deve ser semelhante. Ele fala sobre recompensa ou punição por um trabalho bem feito, ou não feito. Ouça Jesus em Lucas 12: 42-48.

A. Como o mestre tratará o servo fiel?

_____

B. Como ele tratará o servo infiel?

_____

C. América é uma das nações mais ricas, mais livres e mais bem educadas que já existiu. Temos mais dinheiro, liberdade, informações e oportunidades do que quase qualquer outra pessoa no mundo. Temos acesso 24/7 a mais conhecimento e treinamento da Bíblia do que qualquer geração que já tenha vivido. Como um americano, você é livre para compartilhar o evangelho em quase qualquer lugar. Você é livre para adorar. Você pode ir como missionário a qualquer terra que lhe permita acesso. O que você acha que Jesus espera de você à luz dos dons extraordinários que ele lhe deu?

_____
_____
_____
_____
_____

Pensamento:

Em todo o Antigo Testamento Deus usou o dízimo como um meio especial para iniciar a adoração que só a ele é devida. Encontramos o dízimo de Gênesis a Malaquias. Eu acredito que o princípio de entregar o dízimo como adoração a Deus, para apoiar a obra divina, está presente também no N.T. No entanto, devemos ter cuidado para não pendurar a lei do Antigo Testamento sobre os crentes do Novo Testamento. Isto pode ocorrer com muita facilidade. Qualquer pessoa pode escolher esta ou aquela passagem do antigo testamento para acrescentar um peso sobre a sua vida. A pergunta que se deve fazer é se estamos ainda debaixo da lei ou sob a graça que Deus nos oferece através de seu filho Jesus. É claro que eu aceito completamente a gracça que Deus nos outorga. Vejamos esta citação de um comentário bíblico que diz assim:

"Novamente, gostaria de lembrá-lo que não estamos sob o sistema de dízimo hoje. Há muitos crentes humildes com muito pouca renda, para quem um décimo seria muito para dar. Há outros, a quem Deus abençoou de maneira tão maravilhosa, que eles poderiam facilmente dar o dízimo até o ponto mais alto em que a lei permitisse a eles fazerem deduções do valor declarado. Há aqueles que têm uma renda tal que eles poderiam dar isso ao Senhor. Mas, encontramos muito poucos que estão entregando o dízimo desta maneira. O dízimo é certamente um critério pelo qual você poderia medir-se. Porém, eu não acho que seja legal ou obrigatório em tudo."
J. Vernon McGee.

No hebraico ma'aśēr é traduzido "dízimo" e literalmente significa um décimo.

7. Eu gosto do que J. Vernon McGee compartilhou. Os crentes do Novo Testamento não estão sob a Lei do Antigo Testamento. Louvado seja a Deus que fomos libertos e vivemos sob um pacto de graça. No entanto, as histórias do A.T. Estão lá para nos ensinar. Não perca o princípio do ma'aser, e as bênçãos associadas a ele que percorrem todo o A.T. Se nos perguntamos: "O QUE POSSO OFERECER?" Em vez de "O QUE DEVO OFERECER?", Colocará nosso coração e mente no lugar certo para compartilhar livremente com a obra de Deus no mundo.

Gênesis 14:20 (ARC)
E bendito seja o Deus Altíssimo,
que entregou os teus inimigos nas tuas mãos.
E deu-lhe o dízimo de tudo.

Gênesis 28:20-22 (ARC)
E Jacó fez um voto, dizendo: Se Deus for comigo,
e me guardar nesta jornada que faço,
e me der pão para comer e vestes para vestir,
e eu em paz tornar à casa de meu pai, o Senhor será o meu Deus;
e esta pedra, que tenho posto por coluna, será Casa de Deus;
e, de tudo quanto me deres, certamente te darei o dízimo.

A. Que princípio você vê sendo trabalhado em Abrão e Jacó?

_____

_____

_____

B. O povo de Deus desobedeceu ao chamado do Senhor também em relação ao dízimo. O profeta Malaquias dá a mensagem de Deus ao Seu povo. A repreensão pungente é passada para nós pelos séculos!

Malaquias 3: 6-12 (ARC)

Porque eu, o Senhor, não mudo; por isso, vós, ó filhos de Jacó,
não sois consumidos. Desde os dias de vossos pais,
vos desviastes dos meus estatutos e não os guardastes;
tornai vós para mim, e eu tornarei para vós, diz o Senhor dos Exércitos;
mas vós dizeis: Em que havemos de tornar? Roubará o homem a Deus?
Todavia, vós me roubais e dizeis: Em que te roubamos?
Nos dízimos e nas ofertas alçadas. Com maldição sois amaldiçoados,
porque me roubais a mim, vós, toda a nação.
Trazei todos os dízimos à casa do tesouro, para que haja mantimento na minha casa, e depois fazei prova de mim, diz o Senhor dos Exércitos,
se eu não vos abrir as janelas do céu e não derramar sobre vós uma bênção
tal, que dela vos advenha a maior abastança.
E, por causa de vós, repreenderei o devorador,
para que não vos consuma o fruto da terra;
e a vide no campo não vos será estéril, diz o Senhor dos Exércitos.
E todas as nações vos chamarão bem-aventurados;
porque vós sereis uma terra deleitosa, diz o Senhor dos Exércitos.

Pensamento:

Nós, os Americanos, vivemos na nação mais rica que já existiu. A maioria de nós tem comida, roupas, assistência médica, telefones celulares, transporte, brinquedos e habitação. Não há desculpa para não dedicar alguma parte da nossa renda à obra do Senhor.

C. Compare o voto feito por Jacó em Gênesis 28: 20-22 à acusação que Deus está fazendo contra seus descendentes em Malaquias 3: 8. Qual era o problema?

_____
_____
_____
_____

D. Olhe o desafio que Deus dá ao Seu povo em Malaquias 3:10. Você pode pensar em qualquer outro lugar nas Escrituras onde Deus chamou as pessoas a testá-lo assim?

_____

_____

_____

E. O que Deus diz que será a conseqüência de nossa obediência? Malaquias 3: 11-12

_____

_____

_____

7. Jesus ensina um princípio que se estende por todas as Escrituras. Reflita sobre os seguintes versos. Tenha em mente os princípios do A.T que aprendemos. Especialmente quando Jesus se refere a eles. Permita que Deus o guie e o desafie nessa área de dar sem ser legalista consigo mesmo ou com os outros. Às vezes, a coisa mais difícil para um pastor é dizer às pessoas que a semente que semeiam crescerá e alimentará as bênçãos de Deus. Ou que seu egoísmo voltará para mordê-los. Nós não damos para obter; Nós damos para adorar, louvar e agradecer ao Senhor. Mas Jesus prometeu que as coisas de fato voltarão a nós na proporção de como as damos. Existe um princípio cósmico inquebrável de semear e colher. Acontece toda primavera e outono em todo o mundo. A bênção e a maldição andam de mãos dadas. Não perca. Ainda mais na próxima página, quando o próprio Jesus compartilha este princípio do A.T.

Provérbios 11: 24-26(ARC)
Alguns há que espalham, e ainda se lhes acrescenta mais;
e outros, que retêm mais do que é justo, mas é para a sua perda.
A alma generosa engordará,
e o que regar também será regado.
Ao que retém o trigo o povo o amaldiçoa,
mas bênção haverá sobre a cabeça do vendedor.

Lucas 6:38 (ARC)
Dai, e ser-vos-á dado; boa medida, recalcada,
sacudida e transbordando vos darão;
porque com a mesma medida com que medirdes também vos medirão de novo.

**Você está crendo e praticando o que as
Escrituras tão claramente desafiam você a fazer?**

SIM   N ÃO   EU TENTO

EXPLIQUE:
POR QUE SEMEAR POUCAS SEMENTES
E PERDER DA COLHEITA DE DEUS?

_____
_____
_____
_____

8. Paulo nos dá uma imagem maravilhosa deste princípio em ação na igreja em 2 Coríntios 9: 6-15. O Apóstolo está arrecadando dinheiro para ajudar com uma necessidade em Jerusalém. Ele está chamando os crentes para prepararem suas ofertas, e está dando razões porque eles devem participar!

A. Você encara o dar/ofertar como uma maneira de plantar sementes para o futuro?

Lembre-se disso:
Um agricultor que planta apenas algumas sementes
terá uma pequena colheita.
Mas aquele que planta generosamente obterá uma colheita generosa.

_____
_____
_____
_____

Este princípio aplica-se a tudo:
Estudar, investindo em um novo negócio,
vestir-se bem para um primeiro encontro,
deixar uma boa gorjeta para a pessoa que te
serviu no restaurante onde você costuma comer.

B. O que Paulo diz sobre nossa atitude em dar? O que Deus ama?

> Cada um deve decidir em seu coração o quanto deve dar.
> E não com relutância, má vontade ou em resposta à pressão social.
> "Porque Deus ama uma pessoa que dá com alegria."

_____
_____

C. Lembre-se de Deuteronômio 8: 11-20 e os versículos sobre Deus sendo a fonte de nossa riqueza. O Paulo é o fariseu, bem estuda, o aplica este princípio? Explique.

_____
_____

> E Deus providenciará generosamente tudo que você precisa.
> De forma que, você sempre terá tudo que você precisa e muito além,
> para poder compartilhar com os outros.
>
> Como dizem as Escrituras [a]:
> "Ele dá liberalmente aos pobres
> e a sua generosidade dura para sempre". [b]
> E Deus, que dá a semente para aquele que planta e pão para alimento,
> também dará e fará crescer a semente de vocês.
> Ele mesmo vai multiplicar os frutos da generosidade de vocês,
> e vai enriquecê-los de todas as maneiras para que sempre sejam generosos.

_____
_____
_____
_____

D. Quando se oferta com alegria e obediência, o que acontece?

> Assim, duas coisas boas resultarão deste ministério de dar:
> As necessidades dos crentes em Jerusalém serão atendidas.
> E, eles expressarão com alegria o seu agradecimento a Deus.
> Como resultado do seu ministério, darão glória a Deus.
> Por sua generosidade para com eles e com todos os crentes provará que vocês São obedientes à Boa Nova de Cristo.
> E eles vão orar por você Com profundo afeto por
> causa da graça transbordante que Deus lhe deu.
> Agradeça a Deus por este presente maravilhoso demais para palavras!

9. Não podemos finalizar nossa conversa sobre a boa mordomia em relação ao nossos cuidados com o dinheiro sem tocar no assunto de dívida!

A. Nos somos responsáveis pelo que pedimos emprestado?   Êxodo 22:14

B. O que Deus promete a Israel se eles obedecerem? Deuteronômio 15: 4-6
O que isso diz sobre a dívida Americana de 20 trilhões de dólares?

C. Qual deve ser nossa atitude em relação ao empréstimo? Deuteronômio 15: 7-8

D. Alguma vez você já pediu emprestado algo que você não poderia se dar ao luxo de substituir se você quebrasse? Como você se sentiu?   2 Reis 6: 5

_____
_____
_____

E. Esta é uma longa passagem. No entanto, é muito importante. Leia-a devagar e cuidadosamente! Pense sobre o que está acontecendo hoje nos Estados Unidos com execuções de hipotecas, cartões de crédito com juros de 24.99%, e o ambiente de grande tensão para se fazer negócios. (Neemias 5: 1-13) Quais são as semelhanças com a situação hoje em dia?

_____
_____
_____

F. Qual o nome que Deus dá as pessoas que não pagam suas contas?   Salmos 37:21

_____
_____
_____

G. Como a dívida afeta uma pessoa?   Provérbios 22: 7

_____
_____
_____

H. Qual é o chamado de Jesus para você?   Mateus 5:42

_____

10. Há um último trecho no Novo Testamento que devemos explorar. Jesus está repreendendo os líderes religiosos por terem perdido o foco, e deixado de comprir a lei de Deus. Jesus está falando sobre o que se deve fazer e o que não se deve fazer. O que Jesus está dizendo para você pessoalmente (ao seu coração) quando você lê esse trecho? Ele também chama os líderes religiosos de um nome áspero. Você quer que Ele diga isso sobre você? O que você deve fazer para evitar isso?

> *Ai de vós, escribas e fariseus, hipócritas!*
> *Pois que dais o dízimo da hortelã,*
> *do endro e do cominho e desprezais*
> *o mais importante da lei, o juízo, a misericórdia e a fé;*
> *deveis, porém, fazer essas coisas e não omitir aquelas.*
> *Condutores cegos! Coais um mosquito e engolis um camelo.*
> *Mateus 23:23-24 (ARC)*

Conclusão:

Eu fui criado com a filosofia de que o que eu recebesse era meu porque trabalhei por isso. Quando eu tive um encontro pessoal com Jesus Cristo, a palvra de Deus desafiou e mudou toda a minha maneira de pensar, e entrou em choque com os princípios da minha criação. Hoje, tenho plena consciência daquilo que a Palavra de Deus exige de cada seguidor de Cristo. Sem dúvida alguma, ainda enfrento desafios em minha vida, como todo aquele que busca ser fiel a Deus encontrará até a vinda de Cristo Jesus. Essas tensões fazem parte da vida cotidiana. Por exemplo, nem sempre é fácil lembrar que Deus é a minha fonte de tudo, inclusive de renda. Nem sempre é fácil confiar Nele com meu propósito de dar o dízimo (o décimo do que ganho), mesmo sabendo que Ele é meu Provedor. Nem sempre é fácil lembrar que tudo que tenho é dele e que sou apenas o administrador de Suas propriedades. Jesus deixou muito claro que a maneira como lidamos com a riqueza terrena determinará o que Ele nos confiará (verdadeiras riquezas da vida). Administrar seu dinheiro, tempo, corpo, ministério, e suas dívidas de uma maneira Divina e agradável aos olhos de Deus, é fundamental para se tornar o homem/mulher em quem Deus pode confiar para adminstrar seus recursos! Estarei orando por você e peço que você ore por mim para que ambos nos tornemos fiéis administradores de tudo o que Deus tão generosamente colocar em nossas mãos. Este provérbio antigo é o fechamento perfeito para esta sessão; ele resume a importância e a permanência de praticar a Mordomia da Vida Inteira!

**SÓ TEMOS UMA VIDA,
ELA PASSARÁ SOMENTE O QUE FIZERMOS POR CRISTO,
ETERNAMENTE DURARÁ!**

De um poema famoso de C.T.Stud

Jumpstart Mentoria 9

"A Mordomia"

Registrando-Se: Fazendo o Check-In

Aproveite esse tempo para se livrar da correria do mundo. Respire fundo. Relaxe. Procure focar a sua atenção em Deus! Lembre-se que falar sobre dinheiro é um tema muito delicado. De um modo geral o dinheiro tem o poder de travar a nossa vida. Muitas vezes ele nos assusta. Outras vezes, ele pode nos dominar completamente. Preste atenção em como você se porta durante essa sessão. Coisas como sua linguagem corporal, respiração, e até mesmo nível de tensão, podem indicar como você se sente em relação ao dinheiro. Mas também esteja disposto a abraçar o que a Palavra de Deus diz, levando-a a sério, buscando entender o impacto das finanças no seu crescimento espiritual, maturidade e papel no Reino de nosso Senhor Jesus Cristo. Nas mãos de um administrador obediente, o dinheiro tem o poder de influenciar positivamente várias situações deste mundo. Torne-se um mordomo fiel das riquezas maravilhosas de Deus.

Conversa Inicial:

À medida que você avançar nesta sessão, preste bastante atenção na forma que você foi criado e educado. Sua educação e treinamento tem um impacto muito grande na forma com que você lida com o dinheiro. Por exemplo, eu acho que dar o dízimo e confiar em Deus, normalmente é mais fácil para as pessoas que foram criadas em um lar dizimista e temente à Deus.

A lenda diz que a cidade de Roma contratou um exército estrangeiro para protegê-la. O Papa insistiu que os soldados pagãos se submetessem ao batismo antes de começarem a batalha. O exército acatou a ordem e os soldados desceram às águas. No entanto, mantiverem as espadas erguidas e fora da água para que elas continuassem sêcas. O que isso significa? Eles aceitaram ou não o símbolo do batismo? Existe um paralelo entre os soldados e suas espadas e muitos cristãos e seus pertences. O crente pode descer e dedicar tudo a Deus no batismo, mas há uma mão segurando o cartão de Crédito, fora da água! Que Deus nos ajude a levar tudo o que possuímos as águas do batismo! Que Jesus Cristo seja verdadeiramente Senhor de TUDO!

1. Sua família conversava abertamente sobre dinheiro durante sua infância?

_____

_____

2. Sua família o treinou no bom uso do dinheiro?

3. Qual foi a fonte/base do treinamento? Bíblico ou secular?

4. Imagine uma escala de 1 a 10, onde 1 significa que Deus é dono de tudo e você só administra, e 10 que você e o dono e administrador de tudo aquilo que você tem. Em que estágio você se encontra?

5. Revisão da Sessão: Quais versículos ou idéias mexeram com você? (incentivo, frustração, ou outros sentimentos)

6. Você sente que Cristo está pedindo uma mudança no seu coração/mente na maneira que você administra suas finanças?

7. Existe alguma decisão financeira específica que você precisa tomar?

OIKOS:

É possível, mas não é provável, que você tenha concluido o volume um pensando que a idéia de amar e servir no seu oikos é, na verdade, uma boa idéia para outras pessoas. Porém, eu acredito que esta sessão eliminou todas as suas possíveis desculpas. Eu digo isto porque quando você aceitou Jesus Cristo como Salvador e Senhor você passou a fazer parte do negócio da família. Em outras palavras, você é agora um soldado no exército e na vinha de Jesus Cristo. Ele te salvou, te chamou, te ungiu, te deu dons, e te enviou à Sua igreja e ao mundo para avançar Seu Reino. Aceite Seu chamado para amar, servir e usar o incrível tempo, talento, tesouro e dons espirituais que Ele lhe deu. Comece hoje com seu OIKOS e igreja local!

Pense Nisso:

Se um bilionário muito respeitado o convidasse para almoçar em sua casa, você iria?

E se esse mesmo bilionário convidasse você a investir dez por cento de seus ganhos, em um projeto global que sua empresa estivesse desenvolvendo, prometendo a você um retorno tão grande que o sua conta bancária ném comportasse.

Você investiria? E se esse mesmo bilionário lhe desse um tanto de dinheiro para administrar mas pedisse que você tirasse apenas 10 por cento do dinheiro para contribuir com um ministério que ele gostasse muito. Você faria isso?

Deus, a fonte suprema de toda a boa dádiva e todo dom perfeito, nos convida a adorá-lo e entregar apenas 10 por cento de tudo o que Ele mesmo nos deu.

Com esse ato de confiança e obediência, afirmamos nossa fé em sua generosa provisão, e a expectativa de receber mais recursos para utilizar nesta vida.

Pode ser mais difícil para você confiar no Deus invisível do que num bilionário que você pode ver. Mas, você não confiar, você nunca saberá o que Deus é capaz de fazer!

Additional Resource:

www.DaveRamsey.com (conteúdo em Inglês)

Dando a Largada Sessão 10

"A MISSÃO"

Introdução:

A fé cristã tem muitas dimensões importantes. Cristo nos convida a alimentar os pobres, abrigar os sem-teto, visitar os encarcerados, vestir aqueles que estão nus e trabalhar pela justiça social no mundo. Mais universidades foram fundadas, hospitais construídos e orfanatos financiados por pessoas cristãs do que por qualquer outro grupo na história. É muito bom celebrar todas as facetas gloriosas da nossa fé. Há um componente chave de nossa missão que permeia tudo que fazemos. Este componente crucial é o catalisador de tudo o que Jesus Cristo nos convida a fazer. Com ele encontramos transformação eterna para nós mesmos, e para os demais.

Versículos Chave para Memorização e Reflexão: Lucas 19:10 (ARC)
Porque o filho do homem veio buscar e salvar o que se havia perdido.

Lição:

Na Sessão 1, ouvimos Deus caminhando pelo Jardim do Éden chamando Adão. Aprendemos uma das fundações da verdade bíblica que nos mostra que o pecado nos separa de Deus, pois Ele é Santo. Na sessão 2, vimos Cristo dirigir-se à cruz para derramar Seu sangue para perdoar nossos pecados. O versículo chave desta semana nos dá a versão curta de nossa missão como seguidores de Cristo. Nosso Senhor e Salvador veio "buscar e salvar" aqueles que estão perdidos. Somente Cristo tem o poder de salvar, mas cada um de nós que somos seus seguidores é chamado para testemunhar. Ao aceitar Jesus, você se tornou parte da missão de buscar e salvar os perdidos! Porque você segue a Cristo, é seu dever participar ativamente desse grande propósito, desta missão mais conhecida como "A Grande Comissão."

Oração:

Senhor, abra meu coração e minha mente. Afaste o medo de mim, e me ajude a ser um cristão comprometido com a sua missão de buscar e salvar os perdidos. Ensina-me a amar e também a ser um pescador de almas! Mostre-me a minha parte no seu grande plano para a humanidade. Em nome de Jesus, AMÉM.

1. Ezequiel 34:11-16 nos dá uma pequena amostra do coração de Deus no Antigo Testamento. O profeta declara a Palavra do Senhor e nos mostra oração do Pai para com os perdidos. O que esta passagem revela a você sobre a atitude de Deus?

2. Nos evangelhos, Jesus nos mostra histórias diferentes que enfatizam o mesmo ponto! Leia os relatos do Novo Testamento procurando os pontos em comum.
Lucas 15: 1-7:

A. A que público Jesus está se dirigindo? 1-2

B. Qual é o ponto da história que Jesus contou em Seu contexto há mais de 2.000 anos atrás? 3-7

C. Como esta passagem se aplica ao trabalho da igreja hoje?

D. Agora leia Lucas 15: 8-10. Que princípios paralelos você vê em ambas as histórias?

3. O apóstolo Paulo foi um tremendo plantador de igrejas, missionário, e evangelista durante o primeiro século. Deus deu a ele muitos dons e habilidades especiais que foram usados poderosamente na abordagem evangelística que ele fazia a diferentes grupos. Leia a seguinte passagem bíblica imaginando que você está fazendo um "Estudo de Caso" sobre evangelismo. Sublinhe as partes que te ajudam a entender como se envolver com pessoas, e falar sobre situações atuais de importância na sua cultura.

De que forma o Apóstolo se misturou com o povo e a cultura? Em que ponto Paulo estabeleceu linhas demarcatórias? Este é um grande desafio para nós hoje. A cultura Americana moderna está tão longe de Deus que construir pontes, e pontos em comúm é um grande desafio. Quando eu entreguei a minha vida a Jesus, na Carolina do Norte, em 1977, eu me converti, de um certo modo, a cultura local.

Na cidade de San Bernardino hoje, 2016, uma parcela muito pequena dos 200.000 cidadãos estão envolvidos em alguma igreja. Dessas pessoas, um número muito pequeno talvez esteja envolvido em algum tipo de discipulado.

1 Coríntios 9: 19-27 (ARC)

Porque, sendo livre para com todos,
fiz-me servo de todos, para ganhar ainda mais.
E fiz-me como judeu para os judeus, para ganhar os judeus; para os que estão debaixo da lei, como se estivera debaixo da lei, para ganhar os que estão debaixo da lei. Para os que estão sem lei, como se estivera sem lei (não estando sem lei para com Deus, mas debaixo da lei de Cristo), para ganhar os que estão sem lei.

Fiz-me como fraco para os fracos, para ganhar os fracos.
Fiz-me tudo para todos, para, por todos os meios,
chegar a salvar alguns.
E eu faço isso por causa do evangelho, para ser também participante dele.

Não sabeis vós que os que correm no estádio,
todos, na verdade, correm, mas um só leva o prêmio?
Correi de tal maneira que o alcanceis.
E todo aquele que luta de tudo se abstém;
eles o fazem para alcançar uma coroa corruptível,
nós, porém, uma incorruptível.

Pois eu assim corro, não como a coisa incerta;
assim combato, não como batendo no ar.
Antes, subjugo o meu corpo e o reduzo à servidão, para que, pregando aos outros, eu mesmo não venha de alguma maneira a ficar reprovado.

Baseado no ensino do Apóstolo Paulo, o que você pode colocar em prática na sua cultura/convívio para alcançar pessoas para Cristo? O que precisa acontecer (em você e em sua igreja) para que se tornem evangelistas e missionários eficazes em seu próprio OIKOS?

_____
_____
_____
_____

Confissão:

As palavras do Apóstolo Paulo continuam guiando minha visão da igreja, após todos esses anos. Elas desempenharam um papel forte em muitas das decisões pastorais que eu fiz. Estas mesmas palavras ainda afetam a forma como a igreja que eu pastorei se veste, adora a Deus, confraterniza e até mesmo brinca. É por isso que as crianças devem ser uma prioridade em todos os seus planejamentos. A igreja se preocupa com a escolha de uma versão da Bíblia que faça sentido para aqueles que não conhecem a Deus. Tem que se falar a linguagem do momento, a linguagem de hoje.

Eles estão prucurando alcançar pessoas que não conhecem Cristo e para isso, a Palavra precisa ser clara. À medida que os anos passam, isso continuará a moldar seu ministério de maneiras novas, que proporcionam crescimento. Nunca queremos que a norma de hoje se torne a tradição imutável do amanhã. Hoje é sempre o dia da salvação. Então vamos ganhar as almas de acordo com o contexto atual.

4. Outra passagem bíblica muito importante para uma igreja que está ou quer estar envolvida com missões se encontra no Salmo 71. Esta foi a principal passagem para a rededicação do nosso santuário em 2003, depois do incêndio que ocorreu em 1999. Hoje, eu acredito na importância da mensagem do Rei Davi, muito mais fortemente do que quando preguei neste texto pela primeira vez.

> **Salmo 71:16-18 (ARC)**
> Sairei na força do Senhor Deus;
> farei menção da tua justiça, e só dela.
> Ensinaste-me, ó Deus, desde a minha mocidade;
> e até aqui tenho anunciado as tuas maravilhas.
> Agora, também, quando estou velho e de cabelos brancos,
> não me desampares, ó Deus,
> até que tenha anunciado a tua força a esta geração,
> e o teu poder a todos os vindouros.

Como você pode ser parte de "falar aos outros sobre as coisas maravilhosas que Deus faz" E "proclamar Seu poder a esta nova geração?" Que atitudes e ações podem ajudar a orientar você e sua igreja?

_____
_____
_____
_____

Uma Reflexão Missional: Pratique aquilo que você prega!

Acabei de compartilhar que preguei o Salmo 71 em 2003. Naquela época eu orava: "Ó, Deus, nos ajuda a alcançar a próxima geração." Eu realmente desejava isso. Orava para que isso acontecesse. Pregava para que o povo entendesse. Então, há alguns anos atrás, meu filho e parceiro no ministério, veio a mim e disse: "Ei, pai, vamos montar uma equipe de design." Vamos reunir pessoas de 20, 30 e 40 anos. Você pode ser a nossa pessoa de 55 anos. Começaremos a avaliar e planejar cada culto de adoração. Vamos planejar o futuro e visualizar os temas das pregações. Vamos planejar as músicas e vídeos. Gravaremos as datas específicas, assim como também cuidaremos dos direitos autorais do nosso material de adoração. Vamos designar um tempo específico para cada parte do culto, inclusive um tempo certo para as suas mensagens também(Essa Doeu!). Depois, ao final de cada culto vamos nos reunir e discutir para ver se tudo ocorreu conforme o planejado. Vamos avaliar tudo o que dizemos, cantamos, mostramos, e fazemos."

Esses jovens preciosos não tinham idéia do salto quântico super traumático que eles estavam me pedindo para dar. Quase 40 anos atrás, meus primeiros pastores planejavam seus sermões e diziam aos seus dirigentes de coral quais hinos eles deveriam cantar. Havia um piano de um lado do santuário e um órgão do outro. A igreja onde fiz meu estágio quando estava no seminário não tinha bateria porque era considerado um instrumento muito radical para a adoração. Eles ainda têm um coro, e uma divisória. Um púlpito é para os avisos e o outro para a pregação. Eles provavelemnte ainda usam vestes litúrgicas com estolas no inverno. Em 1994, não havia nenhum video-projector e o sistema de som era da Radio Shack. Os hinários datavam do início do século 20. Quando me tornei Pastor titular da NorthPoint em 1995, havia um piano, um órgão e dois púlpitos com uma divisória. A mesa de comunhão estava lá na frente, ao centro, e jamais era movida.

Hoje a frente do templo da igreja que eu pastorei por 21 anos tem o estilo de um palco, cortinas modernas, luzes intermitentes, e uma máquina de fumaça. A igreja tem também uma mesa de som fascinante. Em relação as pregações, elas são preparadas com um enfoque puramente bíblico e em séries que duram de 7 a 8 semanas. Eu nunca teria imaginado isto por mim mesmo.

No domingo passado bebês, crianças e adolescentes formaram 40% do atendimento. Outros 45% eram adultos jovens. Os adultos de meia-idade e idosos formaram os 15% restantes. O mais impressionante de tudo isso é que os idosos celebram a prioridade evangelística da ordem de culto. Nós estamos aqui para alcançar a "Próxima Geração." À medida que eu saio da posição de Pastor titular, e oficialmente no dia 1/1/17, alegremente passo para aos cuidados de outro pastor uma igreja pacífica, unificada, e cheia de visão. Meu filho provavelmente será este novo pastor. A realidade é que ele começou a revolução do ministério atual com as palavras, de certa forma até proféticas "Podemos começar uma equipe de design?" Minha parte era honrar as escrituras missionais que preguei há uma década atrás, permitindo que outras pessoas as abraçassem também. Deus me chamou para "Praticar o que eu preguei!" Nem sempre é fácil, mas é sempre correto se fazer.

5. Mateus 28:16-20 e Atos 1:8 são passagens fundamentais que valem a pena revisitar muitas vezes! Qual é a mensagem clara de Cristo quando Ele se encontra com Seus seguidores durante aqueles momentos preciosos? Como isso fala ao seu coração?

_____

_____

_____

6. Agora você deve ter um senso claro de sua missão. Que atitude você deve ter à medida que avança? 1 Pedro 3: 14-17 nos dá instruções e uma advertência! Quais são?

As instruções:

_____

_____

As advertências:

_____

_____

_____

7. Agora chegamos à parte de COMO desta sessão. Há muitas maneiras de obedecer à Grande Comissão. Ao longo da história, missionários viajaram, pregadores pregaram, e evangelistas gritaram sua mensagem nas ruas. Alguns grupos ainda vão de porta em porta. Há uma incrível estatística que deve orientar nossa abordagem de evangelismo. Dr. Win Arn fez um projeto de pesquisa sobre como as igrejas crescem! ("The Masters Plan" Church Growth Press, 1982) Os resultados são de importância crítica!

PORQUE AS PESSOAS ENTRAM E PERMANECEM EM UMA IGREJA LOCAL?

Por terem necessidades especiais	1-2%
Simplesmente querem ver como é	2-3%
Ministério pastoral	5-6%
Programa de visitação	1-2%
Escola Dominical	4-5%
Cruzada Evangelística	.5%
Programas da Igreja	2-3%
Amigo/Parente Convidou	75-90%

Em seu livro *8 to 15: The World Is Smaller than You Think*, Dr. Tom Mercer de HDC, ilumina o princípio de OIKOS. Ele segue um padrão que guiou o Dr. Ralph Neighbour, Jr. pelas últimas cinco décadas!

DEUS, DE UMA MANEIRA SOBERANA E ÚNICA, COLOCOU MAIS OU MENOS DE 8 Á 15 PESSOAS EM SEU OIKOS. E ELE DEU A VOCÊ O PRIVILÉGIO DE AMAR, ORAR, SERVIR, E COMPARTILHAR O AMOR DE CRISTO COM ESTE GRUPO DE PESSOAS ESPECIAIS E MARAVILHOSAS!

Eu sugiro que você coloque um marcador nessa página e anote os nomes das 8-15 pessoas com as quais você mantenha um contato regular. Elas podem ser seus familiares, amigos, colegas de classe ou colegas de trabalho. Comece a amar, orar, e servir a este grupo intencionalmente. Sim, é Deus quem salva. Porém, você tem o privilégio [e a responsabilidade] de amar, servir e compartilhar com eles a história do Deus salvador. Gostaria de encorajar você, seu mentor, e ao seu pastor a lerem o livro *8 to15*, escrito pelo Dr. Tom Mercer. A Igreja High Desert na cidade de Victorville no estado da California, teve um crescimento surpreendente levando a igreja a mais de 12,000 membros. E eles utilizaram este princípio simples e efetivo.

8. O evangelho, ou Boas Novas, de Jesus Cristo teve um poder único vindo de Deus, que o impulsionou por todo o mundo. Considere estas passagens dos evangelhos que descrevem a reação das pessoas às Boas Novas. Observe com atenção a participação que eles tiveram.

O ENDEMONINHADO GADARENO:
LUCAS 8:39 (ARC)

Torna para tua casa e conta quão grandes coisas te fez Deus. E ele foi apregoando por toda a cidade quão grandes coisas Jesus lhe tinha feito.

UMA PEQUENA MENINA É RESSUSCITADA DOS MORTOS:
Mateus 9:26 (ARC)
E espalhou-se aquela notícia por todo aquele país.

DOIS CEGOS VOLTAM A VER:
Mateus 9:30-31 (ARC)
E os olhos se lhes abriram. E Jesus ameaçou-os, dizendo:
Olhai que ninguém o saiba.
Mas, tendo ele saído, divulgaram a sua fama por toda aquela terra.

A MULTIDÃO FALA SOBRE MILAGRES DE JESUS:
Marcos 7:36 (ARC)
E ordenou-lhes que a ninguém o dissessem;
mas, quanto mais lho proibia, tanto mais o divulgavam.
E, admirando-se sobremaneira, diziam:
Tudo faz bem; faz ouvir os surdos e falar os mudos.

UM HOMEM LEPROSO É CURADO:
Marcos 1:45 (ARC)
Mas, tendo ele saído,
começou a apregoar muitas coisas e a divulgar o que acontecera;
de sorte que Jesus já não podia entrar publicamente na cidade,
mas conservava-se fora em lugares desertos;
e de todas as partes iam ter com ele.

Qual foi sua reação às Boas Novas? Já compartilhou com outras pessoas? Como?

_____

_____

_____

_____

9. Talvez, você esteja pensando, "Sim, eu sei que Jesus está me chamando para compartilhar as Boas Novas com meu OIKOS, mas eu não sei como fazer isso. Eu não tenho condições de fazer isso!" Não se preocupe. Esses pensamentos são normais. Eles demonstram nossa humanidade. Mas não se preocupe, você não está sozinho. Louvado seja Deus.

Leia Mateus 10: 16-20. A maioria de nós na América do Norte não lida com o nível de perseguição que Jesus está descrevendo. Mas, em outras partes do mundo este verso é uma realidade constante. Aplique o princípio do versículo 20 à sua vida. Re-escreva este versículo como uma promessa pessoal de Deus para você!

_____

_____

_____

10. Quem te dá o poder de ser testemunha de Jesus Cristo? Atos 1: 8

_____

_____

11. Vamos encerrar esta lição com 1 Pedro 3: 13-17.

A. Qual é o desafio? [Verso 15]

_____

_____

_____

B. Que atitude devemos ter enquanto procuramos cumprir a Grande Comissão? [Verso 16]

_____

_____

_____

Conclusão:

Há 2.000 anos atrás, as pessoas não tinham jornais, televisão, grandes cartazes ou outdoors, computadores, ou cartazes ou mensagens de texto. 2.000 anos atrás, o evangelho se espalhou por todo o mundo com o maior e mais eficiente de publicidade já inventado: boca-a-boca! A missão, o método e o poder de Deus através dos seus filhos não mudaram!

Seguiremos firmes em Seu poder, com Sua mensagem, sendo Suas testemunhas em toda parte! Jesus Cristo nunca lhe pedirá para compartilhar algo que você não saiba ou para ser alguém especial sem que Ele te capacite. Tudo o que Jesus pede é que você ore, ame, sirva e compartilhe sua experiência e história. Deus irá conectá-lo com pessoas que estejam prontas para ouvir o que Ele colocou em seu coração. O Espírito Santo irá guiá-lo a conversas incríveis se você simplesmente confiar em Sua liderança.

Artistas: Qual é o seu pensamento sobre missões?

Se Deus te chama para missões, VÁ!
Se Ele te chama para pregar ou ensinar, VÁ!
Se Ele te chama para um incrível ministério global, VÁ!

Onde quer que você esteja, quem quer que você seja,
Foque em amar, orar, servir,
E testemunhar a seu OIKOS!

Deus, na pessoa do Espírito Santo, tem poder
Para conectar você e protegê-lo.
Ele pode te posicionar e te agraciar,
Para a obra que Ele te ungiu
E te nomeou para realizar!

Louve-o, confie nele, siga-o,
E compartilhe s Sua poderosa história!

As sementes de mostarda que você semeia,
Quando tocadas pelo poder de Deus,
Vai crescer além de sua expectativa.

Deus não nos responsabilizará
Pelo que não sabemos
Ou por aquilo que não podemos fazer.

Ele nos responsabilizará por usar
As coisas que sabemos
E as coisas que temos.

Deus tem capacitado, ungido e nomeado você.
Siga em fé e compartilhe tudo o que você é
Com aqueles que Deus põe no seu caminho.

Ele fará o resto!

Dando a Largada sessão 10

"A Missão"

> ### Registrando-Se: Fazendo o Check-In
>
> A minha oração é que ao se encontrar com seu mentor hoje, você esteja preparado para conversar sombre sua salvação. Que Deus te ajude a estar confortável para abrir seu coração, compartilhar, e também ouvir. 'Falar sobre sua fé e salvação com outra pessoa é o maior privilégio que você pode ter na sua vida. Sei que pode ser algo difícil e até mesmo assustador, principalmente porque a sociedade criou um estigma muito forte em torno da questão do ato de testemunhar. É triste ter que admitir, mas até mesmo a igreja tem transformado esta atividade tão importante em algo embaraçoso, algo que causa sentimento de culpa e muita pressão. Não foi esta a intenção de Jesus. Seja franco e converse com o seu mentor sobre este tópico de grande importância.

Conversa Inicial:

1. Quais passagens bíblicas falaram ao seu coração esta semana?
   ___
   ___
   ___

2. O que você aprendeu sobre o plano e o método de Deus?
   ___
   ___
   ___

3. O que você aprendeu sobre você mesmo e seu lugar no plano de Deus?
   ___
   ___
   ___

4. Pegue um pedaço de papel e comece a trabalhar no seu marcador de Bíblia OIKOS! Escreva os nomes das 8-15 pessoas que você vê semanalmente.

5. Como você pode servir essas preciosas pessoas que Deus colocou em seu OIKOS?

_____
_____

6. Você sabe como compartilhar sua história com outras pessoas? Estabeleça um alvo de escrever um breve esboço de três pontos e pratique isso.

Antes de conhecer Jesus eu era:
_____
_____
_____
_____
_____

Foi assim que eu encontrei Jesus:
_____
_____
_____
_____
_____

Jesus mudou minha vida de uma maneira surpreendente:
_____
_____
_____
_____
_____

Aceitar Jesus é tão simples como A-B-C:

A. Admita que você pecou. Isto é o que separa você de um Deus Santo.

B. Acredite que Deus enviou Jesus para morrer por seus pecados. Desta forma, você se torna justo diante de Deus.

C. Confesse com sua boca e acredite em seu coração que Jesus Cristo é o Senhor.

7. Leia 1 Coríntios 15: 1-11 com seu Mentor. O Apóstolo Paulo nos dá uma declaração muito clara do que ele considerou ser "o mais importante". Que ponto é esse?
___
___

Anotações:
___
___
___
___

OIKOS:

A minha oração a Deus no dia de hoje é para que você sinta um ardente desejo no seu coração, de ver homens e mulheres, meninos e meninas, entregando as suas vidas a Jesus Cristo, para desenvolver um relacionamento especial com o grande e único salvador. Nas últimas semanas você procurou demonstrar amor ao seu OIKOS. Você também orou por eles todos esses dias. Você procurou serví-los de um modo genuíno, permitindo a eles observar o seu próprio desenvolvimento espiritual

Muito provavelmente alguns deles tiveram a chance de visitar a sua igreja e, quem sabe até chegaram a assistir o seu batismo, ou quem sabe planejam fazê-lo. Este pode ser o melhor momento para compartilhar de Jesus com eles. Que Deus possa te dar esta oprtunidade. Que Deus possa criar o tempo, o lugar e as circunstâncias favoráveis para que isso aconteça. Compartilhe com o seu OIKOS que Jesus nos ama a todos e morreu na cruz do calvário em nosso lugar. Compartilhe com eles o que Deus tem feito na sua própria vida.

Eu tive uma experiência muito interessante, que me ajudou a anunciar a salvação em Jesus Cristo com muito mais ousadia. O que aconteceu foi o seguinte: Eu trabalhava em uma concessionária de automóveis e, sempre que chegava um cliente eu falava tudo sobre o carro e depois, ficava satisfeito em dizer a pessoa, leve este folheto com um pouco mais de informação. Eu tinha um mentor, um senhor muito experiente chamado Roger que sempre, educadamente, me chamava a um canto e perguntava se eu tinha perguntado ao cliente se ele queria comprar o carro, neste caso em particular era um Volkswagen. Para minha surpresa, quando eu decidi perguntar eu consegui vender o carro. Isto ficou gravado na minha mente por mais de trinta anos.

Aquela simples pergunta-"VOCÊ PERGUNTOU SE ELES QUERIAM COMPRAR O CARRO? " Esta minha experiência aconteceu em Sierra Madre, CA. O ponto é que, você não deve ficar assustado em perguntar a uma pessoa se ela quer entregar a sua vida a Jesus. Você tem que perguntar! De um certo modo, é como a minha própria experiência com a venda do Volkswagen.

ORAÇÃO:

Senhor:
Por favor, tire meu mêdo. Enche-me com a ousadia do Espírito Santo. Permita-me o privilégio de compartilhar as Boas Novas com aqueles que você colocou no meu OIKOS. Abra meus olhos e ouvidos espirituais para que eu possa ouvir as pistas que revelam um coração aberto. Ponha-me no lugar certo, na hora certa, para eu seja seu mensageiro. Em nome de Jesus, AMÉM.

Dando a Largada Sessão 11
"O Método"

> **Introdução:**
>
> No mundo de hoje ouvimos os termos "Treinamento" e "Mentoria" com muito mais frequência do que o termo discipulado. Estas palavras aparecem frequentemente nos campos da medicina, esportes, negócios, direito, na política, militarismo e, é claro, na igreja. Nenhuma delas é nova. Ao longo dos anos, Deus tem usado relacionamentos individuais, um-a-um, para alcançar pessoas para o seu Reino. Ele usa Mentoria para preparar os seus vasos escolhidos para uma obra específica. Como aprendemos na Sessão 7, todo o povo de Deus é chamado para a realização de alguma obra no Reino de Deus. Hoje vamos olhar para este método impressionante e poderoso de treinamento de líder e sua implicação no Reino. Na semana passada, olhamos para a Missão. Hoje vamos examinar o Método que o nosso mestre utilizou na arte de fazer discípulos. A este método damos o nome de Mentoria pessoal.

Versículo Chave para Memorização e Reflexão: 2 Timóteo 2: 2 (NLT)
Você me ouviu ensinar coisas que foram confirmadas
por muitas testemunhas confiáveis.
Agora ensine essas verdades Para outras pessoas confiáveis
que serão capazes de transmití-los a outros.

Lição:

Americanos, de um modo geral, tem uma expectativa de que as coisas aconteçam com uma certa rapidez. Você também é daquele tipo que fica frustrado com uma internet lenta? Pior ainda, quando você tem que esperar alguns segundos a mais para acessar um site que está simplesmente do outro lado do planeta. Eu me lembro muito bem, de quando eu era ainda um garoto. Eu tinha que ir à biblioteca de bicicleta. Quando eu chegava lá, procurava o livro que eu precisava nos catálogos de cartões e depois, tinha que ir até as estantes e ver se o livro estava lá ou não. Se não estivesse, teria que esperar até que a pessoa que o tivesse tomado emprestado o restituisse em alguns dias ou até mesmo semanas. Hoje, você apenas Wiki-qualquer-coisa e em poucos segundos aparece tudo na tela diante de você.

Ao contrário da pipoca instantânea você não pode criar um seguidor de Cristo instantâneo. Maturidade cristã e desenvolvimento do caráter cristão são coisas que não acontecem em um microondas. Seguir a Cristo e desenvolver a nossa fé nele é algo semelhante a cozinhar algo no fogo brando em banho-maria. Desenvolvimento de liderança cristã leva anos, décadas é um projeto de toda uma vida. Felizmente, Jesus não nos abandona para crescermos por nós mesmos. Ele trabalha em comunidade. Jesus enviou Seus seguidores de dois em dois. Deus conecta líderes com líderes futuros. Ele conecta os que procuram com os santos. Ele coloca mentores e fazedores de discípulos na vida daqueles que estão prontos para conhecer, crescer e atender ao Ide, que é mandamento de Cristo para cada um de nós. É um processo glorioso e interminável. Você não tem como saber quantas gerações futuras Deus tocará através de você.

1. Nós estudamos esta passagem antes, mas ela continua a ser a pedra angular do nosso chamado e do Método de Cristo! Estas foram algumas das últimas palavras terrenas que Jesus deu a Seu círculo íntimo de discípulos de confiança. Estas foram Suas últimas instruções críticas! Que elas fiquem impregnadas em nós, que nos guiem, que nos encham e nunca nos deixem!

Mateus 28: 16-20 (ARC)
E os onze discípulos partiram para a Galileia,
para o monte que Jesus lhes tinha designado.
E, quando o viram, o adoraram; mas alguns duvidaram.
E, chegando-se Jesus, falou-lhes, dizendo:
É-me dado todo o poder no céu e na terra.
Portanto, ide, ensinai todas as nações, batizando-as em nome do Pai,
e do Filho, e do Espírito Santo;
ensinando-as a guardar todas as coisas que eu vos tenho mandado;
e eis que eu estou convosco todos os dias,
até à consumação dos séculos. Amém!

Que três comandos claros e específicos Jesus dá aos seus seguidores nos versos 19 e 20?

A. _____
B. _____
C. _____

2. Mentoria é algo que não começou no N.T. Jesus foi o último fazedor de discípulos, mas o Deus de Israel tem uma longa história de levantar líderes espirituais. O Antigo Testamento nos permite observar um relacionamento muito interessante entre Moisés e Jetro. Eu creio que neste exemplo a questão da mentoria está evidente. A Lei for dada por Moisés. Ele também foi o grande líder

levantado por Deus para liderar o êxodo do Egito. Moisés era o "Provedor da Lei" e o "Líder da Saída do Egito." Em Êxodo 18 vemos Jetro, o sacerdote de Midiã que também sogro de Moisés, tendo uma conversa que mudaria drasticamente o curso da historia. Este é um ótimo ponto de partida para o nosso estudo. Leia cada conjunto de versículoss e dê a essa parte da conversa um título. Use o versículo 7 como exemplo.

7   Conectando-se com um amigo de confiança!
8   _____
9   _____
12 _____
14 _____
15 _____
17 _____
18-23 _____

A. Como você descreveria o espírito de Jetro durante este encontro? Por que isso é importante?
_____
_____

B. O que você vê na atitude de Moisés durante esta reunião? Por que isso éimportante?
_____
_____

C. Você está pronto para convidar alguém para falar honestamente e abertamente com você? Se não, por que não?
_____
_____

D. Você está pronto para compartilhar o que Deus lhe tem mostrado/ensinado/dado com os outros?
_____
_____

3. Qual é a meta de Deus para os crentes em Romanos 8:29?

_____

_____

4. Agora conecte essa meta com o chamado de Deus. Que duas coisas Jesus disse a André e a Pedro em Mateus 4: 18-20?

_____

_____

5. Jesus veio para inaugurar o Reino de Deus. É uma coisa incrível perceber que Jesus foi eleito para trabalhar através dos seres humanos na construção do Seu Reino. Leia 2 Timóteo 1: 1-4 com muito cuidado. Que palavras você encontra na passagem que revela a relação que Paulo teve com Timóteo?

_____

_____

_____

6. Nós usamos a palavra "epístola" para descrever muitos dos livros do Novo Testamento. A palavra epístola literalmente significa "carta". Wiki define epístola como "uma composição literária na forma de uma carta." Você verá que a maioria das epístolas do Novo Testamento incluem os nomes das pessoas na introdução. Leia os seguintes versículos introdutórios de várias cartas do Novo Testamento. Quero que você observe as pessoas que estão com Lucas, Paulo e João. Observe com atenção o nome das pessoas que estavam com eles durante os momentos que eles escrevem as cartas e as pessoas para as quais eles estão escrevendo também. Estes líderes estavam escrevendo com as pessoas e para as pessoas. Isto é muito importante porque o alvo do Novo Testamento é passar adiante a Fé que foi recebida. Portanto, a estratégia usada, de pessoa para pessoa, é a maneira mais poderosa e permanente para realizar esta missão.

Atos 1: 1 (ARC)
Fiz o primeiro tratado,
ó Teófilo, acerca de tudo que Jesus começou,
não só a fazer, mas a ensinar,

2 Coríntios 1: 1 (ARC)
Paulo, apóstolo de Jesus Cristo pela vontade de Deus, e o irmão Timóteo,
à igreja de Deus que está em Corinto,
com todos os santos que estão em toda a Acaia.

Filipenses 1: 1 (ARC)
Paulo e Timóteo, servos de Jesus Cristo,
a todos os santos em Cristo Jesus que estão em Filipos,
com os bispos e diáconos:

Colossenses 1: 1 (ARC)
Paulo, apóstolo de Jesus Cristo,
pela vontade de Deus, e o irmão Timóteo.

1 Tessalonicenses 1:1-1 (ARC)
Paulo, e Silvano, e Timóteo, à igreja dos tessalonicenses,
em Deus, o Pai, e no Senhor Jesus Cristo:
graça e paz tenhais de Deus, nosso Pai, e do Senhor Jesus Cristo.

2 Tessalonicenses 1: 1 (ARC)
Paulo, e Silvano, e Timóteo, à igreja dos tessalonicenses,
em Deus, nosso Pai, e no Senhor Jesus Cristo:

1 Timóteo 1: 1-2 (ARC)
Paulo, apóstolo de Jesus Cristo, segundo o mandado de Deus,
nosso Salvador, e do Senhor Jesus Cristo, esperança nossa,
a Timóteo, meu verdadeiro filho na fé: graça, misericórdia e paz,
da parte de Deus, nosso Pai, e da de Cristo Jesus, nosso Senhor.

2 Timóteo 1: 1-2 (ARC)
Paulo, apóstolo de Jesus Cristo, pela vontade de Deus,
segundo a promessa da vida que está em Cristo Jesus,
a Timóteo, meu amado filho: graça, misericórdia e paz, da parte de Deus Pai,
e da de Cristo Jesus, Senhor nosso.

Tito 1: 4-5 (ARC)
a Tito, meu verdadeiro filho, segundo a fé comum: graça,
misericórdia e paz, da parte de Deus Pai e da do Senhor Jesus Cristo,
nosso Salvador. Por esta causa te deixei em Creta,
para que pusesses em boa ordem as coisas que ainda restam e,
de cidade em cidade, estabelecesses presbíteros, como já te mandei:

Filemon 1:1 (ARC)
Paulo, prisioneiro de Jesus Cristo, e o irmão Timóteo,
ao amado Filemom, nosso cooperador,

3 João 1: 1-2 (ARC)
O presbítero ao amado Gaio, a quem, na verdade, eu amo.
Amado, desejo que te vá bem em todas as coisas e que
tenhas saúde, assim como bem vai a tua alma

Apocalipse 1: 1-2
Revelação de Jesus Cristo,
a qual Deus lhe deu para mostrar aos seus servos as coisas
que brevemente devem acontecer;
e pelo seu anjo as enviou e as notificou a João, seu servo,
o qual testificou da palavra de Deus, e do testemunho de Jesus Cristo,
e de tudo o que tem visto.

A. Considere esta questão e depois leia os versículos novamente. Encontre as palavras que os líderes usam para se descreverem, seus parceiros no ministério e os destinatários de suas cartas! [Observação: Nem todo verso tem uma "palavra especial."] Eu quero que você "prove" o sabor e a atitude da igreja primitiva. Como eles conversam uns com os outros? Como eles se referiam um ao outro? Qual era a atitude deles um para com o outro? Qual foi o "Espírito do movimento?" (Palavras-chave: Querido amigo ou irmão.)

_____
_____
_____
_____
_____

B. O que essas palavras lhe dizem sobre a atitude do Mentor em relação ao discípulo ou aprendiz? Gostaria de ter alguém assim em sua vida? Gostaria de ser esse tipo de Mentor para alguém? Gostaria que alguém se referisse a você desta maneira?

_____

7. A fé cristã passa de pessoa para pessoa. Discípulos treinam discípulos. Paulo treinou Timóteo, Silas e Tito. Ele preparou jovens para levar a mensagem adiante depois de sua partida. Você pode ver essa transferência de mentoria e liderança em nosso versículo chave.

2 Timóteo 2: 2 (ARC)
E o que de mim, entre muitas testemunhas, ouviste,
confia-o a homens fiéis, que sejam idôneos para também ensinarem os outros.

   A. Quantas "Gerações de Discípulos" você pode encontrar neste versículo?

   #_____

8. Nosso Senhor Jesus Cristo foi o maior Fazedor de Discípulos que já viveu. Jesus ensinou as multidões. Mas, Ele investiu seu tempo nos doze. Seus discípulos caminharam com Ele, comeram com Ele, viveram com Ele e absorveram tudo o que Ele tinha para lhes dar. Mesmo dentro do círculo dos doze, podemos ver Jesus enfocando em três. Qual o nome dos três discípulos que passaram um tempo especial com Jesus?

Mateus 17: 1 _____
Mateus 26:37 _____
Marcos 5:37 _____
Marcos 13: 3   [Tem alguma pessoa extra mencionada aqui?]
_____
_____
Lucas 8:51 _____

Gálatas 2:9 nos dá um epílogo interessante do tempo extra que Jesus parece ter passado com "Os três". O que o Apóstolo Paulo diz sobre esses três?
_____
_____
_____
_____

9. Há um padrão impressionante no ministério de Jesus e Seus discípulos!

Jesus fazia algo e comunicava com os seus discípulos.
Jesus fazia algo e os discípulos o ajudavam.
Os discípulos fizeram algo e Jesus os ajudou.
Os discípulos fizeram algo e comunicavam-se com Jesus.
Jesus subiu aos céus e os discípulos continuaram
a fazer aquilo que Ele lhes havia ensinado.
Discípulos de discípulos!
Isto vem se repetindo há mais de dois mil anos.

Você tem um Mentor que está te ajudando a desenvolver suas habilidades ministeriais? Quem e como?

_____
_____
_____

Você já é um Mentor para alguém? Quem e como?

_____
_____
_____

Existe algo mais que você precisa de seu Mentor?

_____
_____

Existe algo mais que você precisa fazer com o seu discípulo?

_____
_____

10. O apóstolo Paulo faz uma declaração tremendamente audaciosa em Filipenses 4: 8-9. Paulo diz algo que francamente temo dizer plenamente! No entanto, é o desafio. É o padrão. Está na Bíblia. É algo que cada um de nós deve viver e aspirar. Deixe-me explicar detalhadamente do que se trata. Identifique as coisas específicas que Paulo está lhe chamando para fazer.

> E agora, queridos irmãos e irmãs, uma última coisa.
> Fixem seus pensamentos sobre tudo aquilo que é verdadeiro,
> e honrado, e justo, puro, e amável, e de boa fama.
> Pense em coisas que são excelentes e dignas de louvor.
> Continue colocando em prática tudo que você aprendeu e recebeu
> de mim. Tudo o que você ouviu de mim e me viu fazendo.
> Então o Deus da paz estará com você

_____
_____

11. É fácil ver o apóstolo Paulo como se ele fosse uma figura solitária, como um "Superman." Nós o imaginamos sempre escrevendo, pregando, mentorando, plantando igrejas, e passando anos de sua vida sozinho na prisão escrevendo metade do N.T. Na verdade, Romanos 16 nos dá um quadro bastante diferente desta imagem que temos. O quadro é muito mais pessoal. Ao ler o capítulo, quero que você veja o currículo pessoal em que Paulo estava envolvido. Eu quero que você veja as amizades que ele tinha. Paulo era um pregador poderoso, líder, apóstolo e teólogo. E além de tudo isso, ele era um homem com amizades profundas e duradouras. Paulo se relacionava bem com muitas pessoas. Jesus se relacionava bem com todas as pessoas. Deus ama a todas as pessoas. Nossa vida como discípulo de Jesus Cristo deve ter como meta principal o interesse genuíno por pessoas. Se você é uma pessoa detalhista, tente contar o número de pessoas mencionadas por Paulo neste capítulo. O número vai acabar com qualquer idéia de que Paulo era um apóstolo solitário.

Qual a imagem que lhe vem a mente quando você lê os relacionamentos de amizade que o Apóstolo Paulo tinha?
_____
_____
_____

Conclusão:

Eu adoro que o Andy Stanley disse em 2013 na Conferência "Catalyst." Ele disse: "Nossa responsabilidade não é a de encher o copo de alguém. O nosso trabalho é esvaziar o nosso próprio copo. "Eu não posso ser Deus, Jesus, ou o Espírito Santo para outra pessoa. Porém, eu posso compartilhar humildemente o que Deus tem me dado e o que Ele tem me mostrado. Não sou responsável pelo que não tenho e pelo que não sei. Mas sim, sou responsável por ser um mordomo fiel de tudo o que Deus confiou a mim.

Deus chama os cristãos para serem seguidores de Cristo. A marca de um seguidor de Cristo que é maduro na fé e nas obras é o ajudar ativamente a várias pessoas conhecerem e seguirem a Cristo. Nós não somos pessoas perfeitas ensinando pessoas imperfeitas atingirem a perfeição. Somos filhos do Pai Celestial. E, como tal, temos o privilégio de compartilhar com outras pessoas os dons que Deus nos deu. Apenas esteja disposto a esvaziar o seu copo para beneficiar a outros. O que você é e o que você tem, nas mãos do Espírito Santo, é tudo que você precisa!

Tudo que você tem é uma dádiva de Deus.
Tudo que você pode compartilhar é o dom de Sua graça!

Seja fiel no compartilhar com outros
tudo aquilo que você recebeu de Cristo.
Sirva-os porque esta é a vontade de Deus!

Lembre-se...
O que você tem para compartilhar é suficiente.

Porque você recebeu de Deus,
E Ele te chamou para compartilhá-lo!

Nunca permita que o que você não tem
Interfira com o que você pode faz.

Dando a Largada Sessão 11
"O Método"

> ### *Registrando-Se: Fazendo o Check-In*
> Esta Sessão pode ser fácil para alguns e difícil para outros. Aceitar o chamado de Deus para ser Mentor, Treinador ou Criador de Discípulos pode parecer muito presunçoso. A minha oração é que Deus nos ajude a evitar o mêdo e a arrogância. Na verdade, não há lugar aqui para arrogância. Nosso desejo é amar, servir e compartilhar tudo o que Deus nos deu com aqueles que Ele coloque no nosso caminho. Isto não é sobre o quão incrível você é ou eu sou. Trata-se do chamado que Jesus Cristo deu a você e a mim para fazer Discípulos. Isso pode desafiar suas tradições e sua compreensão de seu papel no Corpo de Cristo. Mas, não é uma opção. É o nosso principal ato de obediência ao nosso Mestre. Esteja aberto para a possibilidade de Deus usar você de forma nova, maravilhosa e profundamente bíblica. Curta seu tempo com o seu mentor.

Conversa Inicial:

1. Escreva os nomes de homens e mulheres que te encorajaram e investiram tempo na sua vida através de aconselhamentos, discipulado, ou outras formas. Pense na possibilidade de agradecer a cada um deles através de um telefonema ou pessoalmente.

_____
_____
_____
_____

2. O que exatamente eles fizeram por você e por você?

_____
_____
_____

3. Como eles fizeram isso? Que semente essas pessoas preciosas semearam em sua vida?

_____
_____
_____
_____
_____

4. Como você se sentiu lendo essa sessão, com relação ao seu chamado para ser um discípulo e para discipular outras pessoas?

_____
_____
_____

5. Faça uma pequena revisão dessa sessão. Tem algum conceito específico ou passagens bíblica que charamam sua atenção/te desafiaram a mudar?

_____
_____
_____
_____
_____
_____

6. Existe alguma coisa que o impeça de se tornar um Mentor?

_____
_____
_____

Anotações:

_____
_____
_____
_____
_____

OIKOS:

Até agora, falamos sobre a importância de você amar, orar, servir e compartilhar do amor de Cristo com seu OIKOS. Tudo isso é incrível. Mas o círculo se completa quando o discípulo se torna fazedor de discípulos. Quando o aluno se torna o professor. Eu oro para que chegue o dia em que Deus trará alguém para a sua vida. E que este alguém esteja ansioso para conectar-se com você da mesma forma que você se conectou com a pessoa te ajudando a aprender mais atravez do *Dando a Largada*. Uma mulher chamada Leslie entrou no meu escritório na semana passada e pegou três cópias do *Dando a Largada* na minha estante. Ela sorriu e me disse os nomes das senhoras com quem ela estaria se encontrando para liderar o treinamento. Ela me disse o seguinte "Este tríade, (grupo de três pessoas)." A filha de uma senhora que ela mentoreia está liderando cinco mulheres em outra cidade no treinamento do *Dando a Largada*. Quando você se juntar ao grupo de conquistadores de almas, fazedores de discípulos, seguidores de Jesus Cristo, você ficará surpreso com o que Deus pode e fará atravez de você.

Outra História sobre a Unidade Militar Green Berets:

Quando eu tinha dezoito anos, entrei para as Forças Especiais do Exército dos Estados Unidos. Houve dois meses de Treinamento Básico em Fort Polk, LA; dois meses de Escola de Engenharia em Fort Leonard Wood, MO; e um mês na Escola de Transporte Aéreo no Ft. Benning, GA.

Em seguida, viajei de ônibus para Fort Bragg, NC. Passamos várias semanas em treinamento de pré-fase. Os exercícios eram compostos de: corridas, caminhadas e natação. No outono de 1974, fui ao Camp Mackall. Depois de um mês na primeira fase, vinte e oito foram designados para o Ft. Bragg onde iniciaríamos a fase dois. Nesta fase o nosso aprendizado foi demolição e construção. Aprendi rapidamente que demolir coisas é muito mais fácil e divertido do que construí-las. Então, na Fase Três, regressamos ao Camp Mackall para o nosso treinamento de guerrilha. Depois de dez meses de insanidade, fui premiado com um emblema bordado de vermelho para colocar na minha boina verde. Fui destacado para o grupo A-732 no sétimo grupo, Forças Especiais. Eu pensei que sabia muito. Porém, logo descobri que sabia muito pouco. Depois de unir-me à minha equipe foi que realmente descobri o segredo da genealidade das forças Especiais.

Muitas unidades militares fazem coisas incríveis. Cada um tem sua própria missão única. Eu respeito profundamente todos eles. Um dos meus amigos amis antigos serviu em submarinos. Ele ainda não está preparado para dizer para onde ele foi e nem o que fez. Outro amigo foi para a CIA e outro ainda se dedicou às artes marciais e treinamento com facas no destacamento dos Seals (FOCAS). Meu filho adotivo John juntou-se à Marinha para ser um Técnico Dental, mas acabou como um Para-Médico na missão Desert Storm. Outro de meus amigos foi designado para o NM-CB40 (Batalhão Móvel de Construção naval). Eu me lembro que também havia um outro que estava com os Flying Tigers e que na verdade nunca voou com eles e nem fez nada. A razão pela qual eu estou compartilhando todas estas histórias é porque os Green Berets são professores. Eles fazem de tudo: Correm, saltam, atiram, explodem coisas, nadam, fazem tudo o que é super legal. Porém, de tudo isso que fazem o mais importante é que eles treinam outras pessoas e mostram a elas como aprender e se destacar em todas essas funções.

O método que eles empregam é semelhante ao que estamos tratando de dizer/mostrar aqui no treinamento do *Dando a Largada*. Eu estouf alando do processo de mentoria e discipulado. Os Green Berets treinam peossoas para que eles aprendam a fazer tudo o que um Green Beret sabe fazer. Na verdade eles são conhecidos como multiplicadores de forças. Em qualquer parte do mundo, seja qual for a área em que eles estejam, eles são capazes de recrutar e treinar pessoas para uma determinada missão. Por esta razão eles são temidos pelos tiramnos e lideres de guerra. Os Green Beretes, são temidos por todas as partes do mundo justamente por sua capacidade de treinar outros para serem tão bons quanto, se não melhores que eles mesmos. Eles são conhecidos com

"Multiplicadores de Força." Enquanto a maioria dos soldados são combatentes, os Green Barets são os que agitam as revoluções.

No destacamento A-732 eu logo descobri que o capitão estava treinando um tenente para que este pudesse liderar a sua própria equipe. O Sargento da equipe treinava o Sargento da Intel; o Armeiro sênior treinava o júnior, o paramédico sênior treinava o júnior e o Engenheiro sênior estava treinando a mim. A idéia era a de que todos deveriam estar preparados para assumir o lugar do outro. Que estratégia incrível para recrutar, treinar e liderar uma força local. Parece muito com o que Jesus Cristo fez quando Ele veio à terra e recrutou doze pessoas para estar com Ele. Os Green Berets tinham um grupo maior que o de Jesus que ao invés de 12 tinha 120. No entanto, Jesus nunca tirou Seu olhos do círculo interno. No centro do círculo estavam Pedro, Tiago e João. Então Jesus iniciou uma revolução.

Os Green Berets obtiveram sua estrutura no capítulo 1 do livro de Êxodos. E, o estilo de mentoria que usaram é o criado por Jesus Cristo. Já é tempo da igreja entender e recuperar o método do nosso Mestre. Quando isto acontecer então veremos o dia em que as pessoas estarão treinando umas às outras para ganhar o mundo para Jesus. Uma pessoa de cada vez.

Dando a Largada Sessão 12
"O QUE DEVEMOS FAZER"

Introdução:

Esta semana vamos examinar um grupo de passagens bíblicas bastate interessante. Nós os conhecemos como "Uns aos outros." Estes versículos nos mostrarão coisas essenciais que devemos fazer por outros, com outros e para outros. Na próxima semana, vamos examinar passagens bíblicas para aprender o que não devemos fazer. A minha oração é para que você veja com bastante clareza como devemos nos portar em relação a " Uns aos outros." Este é um fator determinante que impacta trmendamente a causa de Cristo. Eu peço a Deus para que esta sessão tenha livre acesso ao seu coração.

Versos para Memorização e Reflexão: 1 João 3:23 (ARC)
E o seu mandamento é este:
que creiamos no nome de seu Filho Jesus Cristo
e nos amemos uns aos outros, segundo o seu mandamento.

Lição:

Várias palavras diferentes em grego e hebraico são traduzidas "Uns aos outros." Quando usamos o termo estamos falando de pessoas que estão associadas. É um termo plural e sugere algum nível de relacionamento. Há uma sensação de intimidade e experiência compartilhada, especialmente no N.T.

Este estudo do "Uns aos Outros" é um seguimento perfeito para a leitura da semana passada de Romanos 16. Fechamos nossa Sessão sobre Mentoria com o pensamento-chave de que o ministério e o trabalho do Reino estão centrados nas pessoas. Hoje, nosso foco principal será sobre, "quem somos em Cristo e como tratamos Seus filhos, nossos irmãos e irmãs, mães e pais, filhos e filhas espirituais.

1. Leia cada versículo. Use o espaço logo abaixo do versículo para registrar seus pensamentos e observações. Qual é o comando? O que você pode aprender sobre a conectividade e comportamento das pessoas do " Uns aos Outros? Esteja aberto para conexões aleatórias que se destacam para você. Este é o seu tempo para aprender na Palavra! Não se preocupe em estar certo ou errado, basta ler e ouvir a Deus. Quem somos nós e como devemos tratar uns aos outros no corpo de Cristo?

A. Jeremias 9:20 (ARC)
Ouvi, pois, vós, mulheres, a palavra do Senhor,
e os vossos ouvidos recebam a palavra da sua boca;
e ensinai o pranto a vossas filhas, e cada uma,
à sua companheira, a lamentação.

B. Sofonias 3:13 (ARC)
O remanescente de Israel não cometerá iniquidade,
nem proferirá mentira, e na sua boca não se achará língua enganosa;
porque serão apascentados, deitar-se-ão, e não haverá quem os espante.

C. Zacarias 7: 9 (ARC)
Assim falou o Senhor dos Exércitos, dizendo:
Executai juízo verdadeiro,
mostrai piedade e misericórdia cada um a seu irmão;

D. João 13:35 (ARC)
Nisto todos conhecerão que sois meus discípulos,
se vos amardes uns aos outros.

E. Romanos 13:8 (ARC)
A ninguém devais coisa alguma,
a não ser o amor com que vos ameis uns aos outros;
porque quem ama aos outros cumpriu a lei.

F.   1 Coríntios 6: 7 (ARC)

Na verdade, é já realmente uma falta entre vós terdes demandas uns contra os outros. Por que não sofreis, antes, a injustiça? Por que não sofreis, antes, o dano?

G.   Gálatas 5:13 (ARC)

Porque vós, irmãos, fostes chamados à liberdade. Não useis, então, da liberdade para dar ocasião à carne, mas servi-vos uns aos outros pelo amor.

H.   Efésios 4:32 (ARC)

Antes, sede uns para com os outros benignos, misericordiosos, perdoando-vos uns aos outros, como também Deus vos perdoou em Cristo.

I.   Efésios 5:21 (ARC)

Sujeitando-vos uns aos outros no temor de Deus.

J.   Filipenses 2: 2 (ARC)

Completai o meu gozo, para que sintais o mesmo, tendo o mesmo amor, o mesmo ânimo, sentindo uma mesma coisa.

K.   1 Tessalonicenses 3:12 (ARC)

E o Senhor vos aumente e faça crescer em amor uns para com os outros e para com todos, como também nós para convosco;

L.   1 Tessalonicenses 4: 9 (ARC)
Quanto, porém, ao amor fraternal,
não necessitais de que vos escreva,
visto que vós mesmos estais instruídos por
Deus que vos ameis uns aos outros;

M.   2 Tessalonicenses 1:3 (ARC)
Sempre devemos, irmãos, dar graças a Deus por vós, como é de razão,
porque a vossa fé cresce muitíssimo, e o amor de cada um de vós
aumenta de uns para com os outros,

N.   Hebreus 10:24 (ARC)
E consideremo-nos uns aos outros,
para nos estimularmos ao amor e às boas obras,

O.   Hebreus 10:25 (ARC)
Não deixando a nossa congregação, como é costume de alguns;
antes, admoestando-nos uns aos outros;
e tanto mais quanto vedes que se vai aproximando aquele Dia.

P.   Hebreus 13:4 (ARC)
Venerado seja entre todos o matrimônio e o leito sem mácula; porém aos que
se dão à prostituição e aos adúlteros Deus os julgará.

Q.　　1 Pedro 4:10 (ARC)
Cada um administre aos outros o dom como o recebeu,
como bons despenseiros da multiforme graça de Deus.

R.　　1 João 2: 7 (ARC)
Irmãos, não vos escrevo mandamento novo, mas o mandamento antigo,
que desde o princípio tivestes.
Este mandamento antigo é a palavra que desde o princípio ouvistes.

S.　　1 João 3:11 (ARC)
Porque esta é a mensagem que ouvistes desde o princípio:
que nos amemos uns aos outros.

T.　　1 João 4:7 (ARC)
Amados, amemo-nos uns aos outros, porque o amor é de Deus;
e qualquer que ama é nascido de Deus e conhece a Deus.

U.　　2 João 1:5 (ARC)
E agora, senhora, rogo-te, não como escrevendo-te um novo mandamento,
mas aquele mesmo que desde o princípio tivemos:
que nos amemos uns aos outros.

V.　　**2 João 1:6 (ARC)**
E o amor é este: que andemos segundo os seus mandamentos.
Este é o mandamento, como já desde o princípio ouvistes: que andeis nele.

2. Três outras listas essenciais devem ser incluídas nesta lição. Como dissemos tantas vezes, estamos apenas arranhando a superfície das riquezas da Palavra de Deus. No entanto, essas três passagens são descrições chave e são definidoras do nosso chamado e das expectativa de Deus para Seus filhos

A. Em Mateus 5: 3-12 (ARC) Jesus prega o que muitas vezes é chamado de Sermão da Montanha. Ele pinta um quadro da Vida no Reino tão elevado que sómente pela sua graça podemos alcançar-lo. Estamos muito aquém do ideal de Cristo descrito nesta passagem tão conhecida. Qual dos seguintes versículos descreve você? Quais desafiam você a agir e ser melhor?

O Cenário: Mateus 5: 1-2 (ARC)
Jesus, vendo a multidão, subiu a um monte, e,
assentando-se, aproximaram-se dele os seus discípulos;
e, abrindo a boca, os ensinava, dizendo:

³ **Bem-aventurados os pobres de espírito, porque deles é o Reino dos céus;**
_____
_____

⁴ **bem-aventurados os que choram, porque eles serão consolados;**
_____
_____

⁵ **bem-aventurados os mansos, porque eles herdarão a terra;**
_____
_____

⁶ **bem-aventurados os que têm fome e sede de justiça, porque eles serão fartos;**
_____
_____

⁷ **bem-aventurados os misericordiosos, porque eles alcançarão misericórdia;**
_____
_____

⁸ bem-aventurados os limpos de coração, porque eles verão a Deus;

_____
_____

⁹ bem-aventurados os pacificadores,
porque eles serão chamados filhos de Deus;

_____
_____

¹⁰ bem-aventurados os que sofrem perseguição por causa da justiça,
porque deles é o Reino dos céus;

_____
_____

¹¹ bem-aventurados sois vós quando vos injuriarem, e perseguirem, e, mentindo, disserem todo o mal contra vós, por minha causa.
¹² Exultai e alegrai-vos, porque é grande o vosso galardão nos céus; porque assim perseguiram os profetas que foram antes de vós.

_____
_____

B. Gálatas 5:22-23 (ARC) nos dá uma bela descrição da obra que o Espírito Santo produz em nossas vidas. "Mas o Espírito Santo produz esse tipo de fruto em nossas vidas." Passe algum tempo e converse com Deus sobre o lugar que o "Fruto do Espírito" tem em sua vida. Anote qualquer pensamento ou oração que Deus lhe outorgue. Pergunte a si mesmo a pergunta penetrante: "Esta palavra me descreve?" Por que, ou por que não? O que devo fazer?

Amor _____

_____

Alegria _____

_____

Paz _____

_____

Longanimidade _____

_____

Benignidade _____

_____

Bondade _____

_____

Fe _____

_____

Mansidão _____

_____

Temperança _____

_____

Procure Fazer uma Auto-Avaliação.

Há algum elemento ou elementos do Fruto do Espírito que necessita uma atenção especial em sua vida? A memorização das Sagradas Escrituras ajudam na formação do caráter cristão. Eu tinha um temperamento terrível, logo que voltei do Exército. Quarenta anos depois, eu sinto muitas vezes que aquele temperamento está sempre procurando uma chance para escapar. Ele ainda está lá quarenta anos depois, sempre procurando uma chance de escapar. Tiago 1:19-20 é o versículo que Deus me deu, em 1978, para memorizar e vencer as tentações.

**Sabeis isto, meus amados irmãos;
mas todo o homem seja pronto para ouvir, tardio para falar,
tardio para se irar. Porque a ira do homem não opera a justiça de Deus.**

Até hoje esse versículo vem à minha mente quando eu me sinto irritado. Não posso dizer quantas vezes mordi minha língua enquanto pensava: "A ira do homem não opera a justiça de Deus." Encontre um versículo que lide com a área em que você precisa trabalhar. Memorize-o, medite nele e permita que o Espírito Santo o traga a memória quando necessário. Você ficará surpreso com o poder da Palavra para reprender o mau comportamento.

C. Nossa terceira e última lista especial se encontrada em 1 Coríntios 13. Como exercício final desta Sessão eu convido você a escrever o seu próprio nome nesta passagem que é tão significante. Pense na definição de amor que você acaba de ler e procure transformá-la em algo pessoal. Ao fazer isto, busque a Deus em oração e peça a Ele que tudo que você estudou nesta sessão seja transformado em realidade na sua vida. E, que Ele continue operando de um modo contínuo em você. Que Deus abençoe a nossa jornada cristã enquanto vamos proseguindo firmemente JUNTOS, UNS COM OS OUTROS.

ARTISTAS:
Como você descreveria o amor na sua própria vida?

O_____ é isto:

Ainda_____ falasse as línguas dos homens e dos anjos,
e não tivesse_____, seria como o metal que soa, ou como o sino que tine.
E ainda que_____ tivesse *o dom* de profecia, e conhecesse todos os
mistérios e toda a ciência, e ainda que_____ tivesse toda a fé,
de maneira tal que transportasse os montes, e não tivesse caridade,
nada seria. E, ainda que____ distribuísse toda a_____,
para sustento *dos pobres*, e ainda que_____ entregasse o _____
para ser queimado, e não tivesse_____,
nada disso me aproveitaria. O_____ é sofredor;
é benigno; O_____ não é invejoso; o_____ não trata com leviandade;
não se ensoberbece; Não se porta com indecência;
não busca os seus interesses, não se irrita, não suspeita mal;
Não folga com a injustiça, mas folga com a verdade; Tudo sofre, tudo crê,
tudo espera, tudo suporta. O_____ nunca falha, mas, havendo profecias,
serão aniquiladas; havendo línguas, cessarão; havendo ciência,
desaparecerá; Porque em parte conhecemos, e em parte profetizamos;
Mas, quando vier o *que é* perfeito, então, o que é em parte será
aniquilado. Quando eu era menino, falava como menino,
sentia como menino, discorria como menino; mas, logo que cheguei a ser
homem, acabei com as coisas de menino. Porque, agora, vemos por espelho,
em enigma, mas, então, veremos face a face; agora conheço em parte,
mas, então, conhecerei como também sou conhecido.
Agora, pois, permanecem a fé, a esperança e o amor, estes três;
mas o maior *é* o amor.

Conclusão:

Quando eu era soldado, a questão mais importante estava relacionada à cadeia de comando e obediência às ordens. Tudo estava baseado no Código de Justiça Militar. Como oficial de polícia, eu tinha que conhecer muito bem as leis de trânsito e o Código Penal. Leis e regras são relativamente claras e fáceis de seguir.

O Reino de Deus é muito diferente. A Sessão desta semana deixa claro, mais uma vez, que o Reino de Deus é sobre bons relacionamentos com os outros. Trata-se de amar as pessoas, servir as pessoas e perdoar as pessoas. É mais sobre quem somos do que o que fazemos. Se, de fato, formos o povo que Cristo quer que sejamos, então faremos as coisas que Deus quer que façamos. É mudança e transformação de dentro para fora. E isso acontece vivendo em comunidade!

Artistas: Qual conceito do " Uns aos Outros" desafia você?

O Reino de Deus tem a ver com:

Um ladrão em uma cruz.
Uma mulher pecadora junto a um poço.
Discípulos que não entenderam a mensagem.
Um amigo de confiança que negou Jesus três vezes.
Um rei que dormiu com a esposa de seu amigo e depois mandou matá-lo para encobrir seu ato.

Tem a ver com ladrões, mentirosos,
bêbados, escravos do pecado,
com fariseus que se tornaram santos!
Tem a ver com seres humanos profundamente feridos
carregando todas as cicatrizes que a vida pode dar!

Vi pecadores lavados no sangue, banhados na água,
Imersos na Palavra, cheios do Espírito Santo,
convidados a fazer parte junto a gloriosa companhia dos redimidos, onde eles podem passar o que lhes resta da vida terrena usufruindo do "Uns aos Outros" e as Bênçãos,
o fruto, e o precioso amor do nosso Salvador!

Quando terminarmos a carreira que nos está proposta,
ouviremos as palavras de boas-vindas "Servo bom e fiel."
Porque nós ÉRAMOS estas pessoas!

Bem-vindo à família comprada pelo sangue do nosso
Senhor e Salvador que está vivo.
Onde não há condenação para quem se arrependeu
e creu em Jesus Cristo, Filho do Deus Vivo.

BEM-VINDO À CASA, AMADOS!

Mentoria Sessão 12
"O QUE DEVEMOS FAZER"

Registrando-Se: Fazendo o Check-In

É possível que esta sessão tenha desafiado a maneira como você tem atuado ao longo de sua vida. Há uma grande diferença entre aquilo que somos, aquilo que pensamos ser e aquilo que gostaríamos de ser. Felizmente, Deus tem um compromisso eterno com o processo de transformação das nossas vidas. Esta Sessão convida você a fazer uma instrospecção com o objetivo de avaliar a área relacionada ao caráter pessoal. O que você aprendeu sobre si mesmo quando olhou para o espelho da Palavra de Deus? Compartilhe o que Deus lhe mostrou esta semana com o seu Mentor. Não olhe no espelho e, simplesmente se afaste. Enfrente e cresça!

Conversa Inicial:

1. Houve um pensamento prevalecente que prendeu a sua atenção esta semana?

   _____

2. O que chamou sua atenção no " Uns aos Outros?

   _____

3. O que te desafiou nas Bênçãos?

   _____

4. Como você se saiu com o Fruto do Espírito?

   _____

5. Alguma parte de 1 Coríntios 13 se relacionou com você de alguma forma? Explique?

   _____

6. Existe algum ponto dessa sessão que você precisa fazer com mais frequência?
___
___
___

Anotações:
___
___
___

OIKOS:

Esta semana você examinou algumas passagens bíblicas extraordinárias. Elas oferecem uma imagem poderosa do homem ou mulher que Deus chamou você para ser mas, possível que o seu OIKOS o conheça como uma outra pessoa. Provavelmente, quem você realmente é enquanto pessoal não seja um segredo para aqueles que te conhecem bem. Esteja ciente de que uma mudança em sua vida pode causar sofrimento na vida dos outros. Em seu livro *Generation to Generation* Rabino Edwin Friedman compartilha um conceito fascinante.

Ele diz que, da mesma forma que uma pessoa tóxica em um sistema familiar saudável é tida como um problema pelos demais. A maioria de nós concorda com esse pensamento. Porém, de igual forma, uma pessoa saudável em uma família tóxica também é vista como sendo um problema. Portanto, esteja preparado, porque tão logo o seu OIKOS comece a notar o caráter de Cristo em sua vida, reações das mais diversas vão ocorrer. Algumas pessoas vão celebrar a luz e a alegria que Deus concede aos seus filhos. Outras, vão tentar fugir como baratas flagradas pela intensidade da luz. Jesus disse: "As pessoas não se davam conta dos seus próprios pecados até que ele se manifestou no meio delas." O mesmo pode ser verdade em relação à sua presença. Você pode ser o espelho que refletirá o brilho de Cristo, em um OIKOS mergulhado em trevas.

Não se deixe vencer pelo orgulho, pela arrogância, hipocrisia ou pela falta de paciência. Ao mesmo tempo, não permita que o seu OIKOS moldeie você. No verão de 1977 eu perdi muitos amigos por ter deixado de me embebedar e de usar maconha. Eles não sabiam como lidar com alguém que estava na roda mas não fumava o baseado que passava de mão em mão. A minha mudança de comportamento e de caráter me trouxe novos amigos que me ajudaram a prosseguir em uma nova jornada. Os meus velhos amigos não tinham a menor condição de me ajudar. Que Deus conceda a você paz, sabedoria, equilíbrio e muitas e muitas bênçãos durante a sua jornada com Jesus.

Dando a Largada Sessão 13
"O QUE NÃO DEVEMOS FAZER"

Introdução:

Ao contrário do que fizemos na semana passada, desta vez, vamos focar a nossa atenção naquilo que não devemos fazer porque somos salvos por Cristo. O Novo testamento nos mostra com clareza aquilo que Deus espera de nós. Não estamos sob a Lei da mesma maneira que Israel se encontrava debaixo da Lei no Antigo Testamento. Vejamos o que o Novo Testamento nos ensina. Vamos observar o que Deus claramente nos diz para não fazermos e também aquilo em que Ele não quer que nos transformemos. Permita que o Espírito Santo abra seu coração para Sua correção ao considerar esta Sessão! Fique firme, não hesite; continue crescendo! "A Palavra de Deus é a bigorna, o Espírito é o martelo e você é o aço", disse Charles Haddon Spurgeon há mais de cem anos.

Versículos-chave para Memorização e Reflexão: 1 Coríntios 6: 9 (ARC)
Não sabeis que os injustos não hão de herdar o Reino de Deus?

Lição:

Aprendemos em 2 Timóteo 3: 16-17 (ARC) que:

> Toda Escritura divinamente inspirada é proveitosa para ensinar,
> para redarguir, para corrigir, para instruir em justiça,
> para que o homem de Deus seja perfeito e perfeitamente
> instruído para toda boa obra.

Para que isso aconteça, devemos estar dispostos a envolver a Palavra e permitir que a Palavra nos envolva. Tiago nos desafiou em Tiago 1: 22-25 (ARC)

> E sede cumpridores da palavra e não somente ouvintes,
> enganando-vos com falsos discursos.
> Porque, se alguém é ouvinte da palavra e não cumpridor,
> é semelhante ao varão que contempla ao espelho o seu rosto natural;

porque se contempla a si mesmo, e foi-se, e logo se esqueceu de como era.
Aquele, porém, que atenta bem para a lei perfeita
da liberdade e nisso persevera, não sendo ouvinte esquecido,
mas fazedor da obra, este tal será bem-aventurado no seu feito.

A Sessão desta semana pode ser difícil em alguns pontos. Nós vamos verificar com bastante seriedade, aquilo que os salvos em Cristo realmente não devem fazer!

Se você se vê nestas passagens bíblicas, encare isso como uma oportunidade divina para transformação. Esteja certo de que Deus fará de você uma nova pessoa. Esteja certo de que muitas vezes a cultura e a Palavra de Deus entram em choque, mas você deve sempre escolher a Palavra.

1. 1 Coríntios 6:9-11 nos dá uma grande declaração sobre o pecado e esperança! Que advertência Paulo nos dá no versículo 9A?

_____

_____

A. Comecemos nossa lista de coisas que não devemos ser nos versículos 9B/10. Escreva os pecados específicos que Deus proíbe. [Observação: Minha lista é da Almeida Revista e Corrigida mas você pode usar e até mesmo comparar outras versões]

_____

_____

_____

_____

B. As listas que vamos estudar nesta Sessão podem se tornar bastante pesadas. Não é fácil ouvir um "Não faça isso e não faça aquilo." O que não devemos fazer representam apenas metade da história bíblica. Deus parece estabelecer um paralelo entre bênçãos e promessas, e advertências e punição. É por isso que Ele nos deu a promessa no versículo 11. Revelando-a com os verbos todos no tempo passado.

Qual é a declaração no tempo passado em 11A? Como isso se aplica a você?

_____

_____

_____

Como isso aconteceu em 11B? Quais são os pontos-chave da passagem?

_____
_____
_____

2. Jesus confirma esta palavra de julgamento no capítulo final do Apocalipse. Ele falava com João e João escrevia. Que advertência Jesus dá?

> **Apocalipse 22: 12-15 (ARC)**
> E eis que cedo venho,
> e o meu galardão está comigo para dar a cada um segundo a sua obra.
> Eu sou o Alfa e o Ômega, o Princípio e o Fim,
> o Primeiro e o Derradeiro.
> Bem-aventurados aqueles que lavam as suas vestiduras
> no sangue do Cordeiro, para que tenham direito à árvore
> da vida e possam entrar na cidade pelas portas.
> Ficarão de fora os cães e os feiticeiros, e os que se prostituem,
> e os homicidas, e os idólatras, e qualquer que ama e comete a mentira.

Continue sua lista no versículo 15:

_____
_____
_____

3. É fácil ler a Bíblia e sublinhar todas as "partes alegres". No entanto, quanto mais eu leio as Escrituras, mais estou convencido de que é uma moeda de dois lados como acabo de mencionar acima. As palavras de Jesus em Apocalipse 21: 5-8 (NLT) seguem este padrão de comparação.

A. Quais são as promessas nos versículos 5-7?

_____
_____

B. Adicione a sua lista do versículo 8:

_____
_____
_____
_____

C. Que advertência você vê nos versículos acima?

4. Vamos voltar ao nosso "uns aos Outros." Na semana passada nós olhamos para o "O que Devemos Fazer" Desta vez, vamos olhar para o que "Não Devemos Fazer Uns aos Outros." Marque aquelas partes em que o versículo estiver falando com você.

Levítico 19:11 (ARC)
Não furtareis, nem mentireis,
nem usareis de falsidade cada um com o seu próximo;

1 Coríntios 3:3 (ARC)
Porque ainda sois carnais, pois, havendo entre vós inveja, contendas e dissensões, não sois, porventura, carnais e não andais segundo os homens?

1 Coríntios 6:7 (ARC)
Na verdade, é já realmente uma falta entre vós terdes demandas
uns contra os outros. Por que não sofreis, antes, a injustiça?
Por que não sofreis, antes, o dano?

Gálatas 5:15 (ARC)
Se vós, porém, vos mordeis e devorais uns aos outros,
vede não vos consumais também uns aos outros.

Gálatas 5:26 (ARC)
Não sejamos cobiçosos de vanglórias, irritando-nos uns aos outros,
invejando-nos uns aos outros.

Reflexão:

Leia estes versículos mais uma vez. Desta vez olhe através da lente de toda a igreja. Quantas vezes esses tipos de comportamentos danificam o Corpo de Cristo? Infelizmente, quando alguém no Corpo maltrata outra pessoa, tende a enviar ondas através de toda uma rede de pessoas. Os danos podem seguir indefinidamente. Quando você considera o aspecto multi-geracional da igreja, as implicações de divisão e dano tornam-se muito mais críticas. Os pecados e danos relacionais que causam a separação no Corpo de Cristo, podem afetar crianças, netos, bisnetos e todas as pessoas relacionadas a estas. Nossa disposição para agir ou deixar de agir têm conseqüências eternas.

Como você pode evitar causar danos e divisão dentro da igreja?
_____
_____
_____

5. Na semana passada, olhamos para o caminho para as bênçãos que Jesus nos deu no Sermão da Montanha. Jesus também teve várias advertências severas para nós no mesmo Sermão. Leia Mateus 5: 21-6: 4. Qual é a advertência de Jesus em cada divisão? (Observação: Dependendo da versão bíblica que você usar, você pode encontrar mais ou menos 7.)

A. _____
B. _____
C. _____
D. _____
E. _____
F. _____
G. _____

6. Quando eu era um jovem novo convertido, passando pelo processo de discipulado, o meu mentor, John, membro da igreja em Fayetteville, me deu um conselho que foi muito importante para a minha vida. " Paul," ele disse. "Se você algum dia estiver em uma situação comprometedora com uma mulher, corra. Corra e continue correndo o tanto que for necessário." Esta conversa e este conselho foram muito importante, principalmene porque eu tinha apenas 22 anos de idade na época. Aqui estão 4 coisas das quais você deve correr. Adicione-as à sua lista.

A. 1 Cor. 6:18 _____

B. 1 Cor. 10:14 _____

C. 1 Tim. 6:9-11 _____

D. 2 Tim. 2:22 _____

7. Roma era a capital de um império pagão pervertido. Era o centro do pecado e da devassidão. Eu não poderia escrever uma descrição honesta de certos aspectos da vida romana sem colocar uma classificação de "conteúdo inapropriado" no documento. Esse contexto não é muito diferente do período em que vivemos. Mantenha essa cidade em mente ao permitir que o Apóstolo Paulo desafie como você vive hoje! Adicionar à sua lista de Romans 13.

Verse 8 _____

Verse 9 _____

Verse 10 _____

O que Paulo nos orienta a fazer versículos 11 & 12?

_____
_____
_____
_____

O versículo 13, dependendo da versão da Bíblia que você estiver lendo, nos diz as mesmas coisas com termos diferentes. Por exemplo: em uma versão lemos que devemos caminhar corretamente, em outra que devemos nos comportar adequadamente. A linguagem de hoje em Inglês nos adverte para não participarmos destas coisas. Quais são as coisas em que não devemos participar de maneira alguma?

_____
_____
_____
_____

**Mas revesti-vos do Senhor Jesus Cristo
e não tenhais cuidado da carne em suas concupiscências.**

Você com certeza sabe as coisas que exercem maior pressão sobre você. Estas coisas podem te derrubar. Você provavelmente já ouviu a historinha em que o gato disse para o rato "Eu sei qual é o teu queijo favorito!" Quais são algumas estratégias práticas que podem te ajudar a vencer as tentações?

_____

_____

8. A King James, Versão bíblica em Inglês de 1611 usa o Inglês arcaico que se refere às pessoas e a Deus com pronomes como "Tu" e "Vós." Se você tiver acesso a uma Bíblia com uma versão mais antiga, faça uma comparação entre os Dez mandamentos de Êxodo 20 e a lista daquilo que não devemos fazer no Novo Testamento. Anote os versículos que representam um desafio na sua vida.. Lembre-se, esta sessão é um grande momento para se "olhar no espelho" da Palavra de Deus e identificar as coisas que devemos deixar pra trás. Enfrente-as, não hesite, e continue crescendo em Cristo!

Mateus 4:7 (ARC)
Disse-lhe Jesus: Também está escrito:
Não tentarás o Senhor, teu Deus.

Mateus 5:21/22 (ARC)
Ouvistes que foi dito aos antigos:
Não matarás; mas qualquer que matar será réu de juízo.
Eu, porém, vos digo que qualquer que, sem motivo,
se encolerizar contra seu irmão será réu de juízo,
e qualquer que chamar a seu irmão de raca será réu do Sinédrio;
e qualquer que lhe chamar de louco será réu do fogo do inferno.

Mateus 5:27 (ARC)
Ouvistes que foi dito aos antigos:
Não cometerás adultério.

Mateus 5:33 (ARC)
Outrossim, ouvistes que foi dito aos antigos:
Não perjurarás, mas cumprirás teus juramentos ao Senhor.

Mateus 6:5 (ARC)
E, quando orares, não sejas como os hipócritas, pois se comprazem em orar em pé nas sinagogas e às esquinas das ruas, para serem vistos pelos homens.
Em verdade vos digo que já receberam o seu galardão.

Mateus 19:18-19 (ARC)
Disse-lhe ele: Quais? E Jesus disse: Não matarás, não cometerás adultério,
não furtarás, não dirás falso testemunho; honra teu pai e tua mãe,
e amarás o teu próximo como a ti mesmo.

Lucas 4:12 (ARC)
E Jesus, respondendo, disse-lhe:
Dito está: Não tentarás ao Senhor, teu Deus.

Atos 23:5 (ARC)
E Paulo disse: Não sabia, irmãos, que era o sumo sacerdote;
porque está escrito: Não dirás mal do príncipe do teu povo.

Romanos 13:9 (ARC)
Com efeito: Não adulterarás, não matarás, não furtarás,
não darás falso testemunho, não cobiçarás, e, se há algum outro mandamento,
tudo nesta palavra se resume: Amarás ao teu próximo como a ti mesmo.

1 Coríntios 9:9 (ARC)
Porque na lei de Moisés está escrito:
Não atarás a boca ao boi que trilha o grão.
Porventura, tem Deus cuidado dos bois?

1 Timóteo 5:18 (ARC)
Porque diz a Escritura: Não ligarás a boca ao boi que debulha.
Digno é o obreiro do seu salário.

Apocalipse 3:3 (ARC)
Lembra-te, pois, do que tens recebido e ouvido, e guarda-o,
e arrepende-te. E, se não vigiares, virei sobre ti como um ladrão,
e não saberás a que hora sobre ti virei.

Conclusão:

No verão de 1977, eu sabia que necessitava algo e, sinceramente eu estava buscando. Após ter lido os 4 evangelhos, Mateus, Marcos, Lucas e João, eu compreendi a morte terrível que Jesus havia sofrido para pagar todos os nossos pecados. Naquela época, ainda não estava claro prá mim a visão de Deus sobre o pecado. De alguma forma, o Espírito Santo levou-me a ler o livro de Provérbios. Quando eu terminei a leitura eu compreendi claramente que era um pecador. Em pouco tempo, fazendo a leitura do livro de Atos, cheguei ao capítulo 9 e Deus colocou claramente uma escolha diante de mim: Você pode continuar seguindo os prazeres deste mundo, e após a sua morte ir direto para o inferno. Ou, arrependa-se dos seus pecados, aceite a graça de Deus que é oferecida através de Jesus Cristo e tenha o Céu como seu destino, quando a sua jornada na Terra chegar ao fim. O que gloriosa escolha!

> **Romanos 8:29-30 (ARC)**
> Porque os que dantes conheceu,
> também os predestinou para serem conformes à imagem de seu Filho,
> a fim de que ele seja o primogênito entre muitos irmãos.
> E aos que predestinou, a esses também chamou; e aos que chamou,
> a esses também justificou; e aos que justificou, a esses também glorificou.

Deus nos chamou e o Espírito Santo está operando em nós para nos tornar "Semelhantes a Cristo." Espero que esta Sessão tenha desafiado você a fortalecer ainda mais o seu caráter cristão. Espero que tenha se tornado mais claro para você o que você não deve ser e nem fazer que esteja em oposição à Bíblia. Como encorajamento eu quero dizer a você o seguinte, concentre a sua vida naquilo que você deve fazer e ser para Deus. Com relação as coisas que não agradam a Ele, fuja delas! Deixe-me encorajá-lo a não focar sua vida cristã no que não devemos fazer, mas é importante saber quais são essas coisas para fugir/ficar longe delas. Minha oração é que você estará tão envolvido fazendo aquilo que devemos fazer que não terá tempo algum para se preocupar com aquilo que é prejudicial para a sua saúde espiritual. E, quando você se sentir enfraquecido ou até mesmo frustrado, que as palavras dos seguintes versículos, escritos por Paulo e João possam confortar o seu coração.

> **1 João 1:8-9 (ARC)**
> Se dissermos que não temos pecado, enganamo-nos a nós mesmos,
> e não há verdade em nós. Se confessarmos os nossos pecados,
> ele é fiel e justo para nos perdoar os pecados
> e nos purificar de toda injustiça.

Tito 3:4-8 (ARC)

Mas, quando apareceu a benignidade e o amor de Deus, nosso Salvador,
para com os homens, não pelas obras de justiça que houvéssemos feito,
mas, segundo a sua misericórdia,
nos salvou pela lavagem da regeneração e da renovação do Espírito Santo,
que abundantemente ele derramou sobre nós por Jesus Cristo,
nosso Salvador, para que, sendo justificados pela sua graça,
sejamos feitos herdeiros, segundo a esperança da vida eterna.
Fiel é a palavra, e isto quero que deveras afirmes,
para que os que creem em Deus procurem aplicar-se às boas obras;
estas coisas são boas e proveitosas aos homens.

Espero que esta sessão tenha ajudado você a lidar com a questão paradoxal da perfeição e da redenção. Deus nos chamou para sermos santos e perfeitos. Ele nos criou e sabe a nossa estrutura. Nosso Deus é um Deus que nos perdoa. Dietrich Bonhheffer nos dá uma imagem belíssima desta graça misteriosa e gloriosa..

"A graça que custou tanto, é o evangelho que deve ser buscado uma e outra vez, o dom que deve ser pedido, a porta em que um homem deve bater. Tal graça é dispendiosa porque nos chama a seguir, e é graça porque nos chama a seguir a Jesus Cristo. É caro porque custa ao homem a sua vida, e é graça porque dá ao homem a única vida verdadeira. É cara porque condena o pecado e é graça porque justifica o pecador. Acima de tudo, é cara porque custou a Deus a vida de seu Filho: 'Você foi comprado por um preço', e o que custou a Deus muito, não pode ser barato para nós. Acima de tudo, é graça, porque Deus não considerou seu filho um preço muito caro para pagar por nossas vida. Mesmo assim, entregou-o por nós. Graça custosa é a Encarnação de Deus."

Trecho de *The Cost of Discipleship*
Dietrich Bonhoeffer

Dando a Largada Mentoria Sessão 13
"O QUE NÃO DEVEMOS FAZER"

Registrando-Se: Fazendo o Check-In

É possível que você tenha sentido um certo desconforto ao estudar esta sessão. Não é verdade? É preciso ponderar seriamente sobre o que acontece no nosso interior. Permita que o Espírito Santo use aquilo que você está sentindo para forjar seu caráter cristão. Compartilhe com o seu mentor o que você aprendeu. Infelizmente, nossas igrejas modernas podem ficar tão enfocadas na graça de Deus, que se esquecem do chamado à santificação, santidade e obediência. Jesus disse muito claramente: "Se você me ama, você me obedecerá." É essencial saber o que não se deve fazer já desde o princípio, antes mesmo de falarmos das características do Caráter Crsitão. Agora é um bom momento para, quem sabe, confessar os pecados uns aos outros e orar.

Conversa Inicial:

1. Revise as lições. Procure os lugares onde a Palavra de Deus te tocou, encorajou ou dirigiu. O que Deus disse para você?

_____

_____

2. Existem áreas específicas onde a sua vida e a Palavra de Deus se chocaram?

_____

_____

3. Quais passos você sabe que Deus quer que você tome em relação a uma área especifica da sua vida? Como o mentor e o discípulo podem se ajudar mutuamente nesta área?

_____

_____

Lembre-se de Tiago 5:16
Confessai as vossas culpas uns aos outros e orai uns pelos outros, para que sareis; a oração feita por um justo pode muito em seus efeitos.

Anotações:

OIKOS:

OK amigos, já é ora de pegar pesado com vocês. Eu sei que está sessão, mais do que qualquer outra, deve ter deixado você com a cabeça pronta prá explodir. Quando você medita naquilo que deve fazer para Deus, logo fica claro que é uma tarefa bastante desafiadora. Porém, quando você lida com as coisas que você não deve praticar por ser salvo pela graça de Deus, então o sentimento de culpa logo surge. A minha transformação não foi algo fácil. Ainda naquele verão do ano de 1977, eu, um Sargento do destacamento dos Green Berets/Boinas Verdes dos Estados Unidos, ainda estava profundamente mergulhado no mundo das drogas. Eu consumia maconha, morava com a minha namorada e participava constantemente de festas noturnas. Eu pensava que tinha muitos amigos. Usávamos drogas juntos e às vezes pensávamos em comprar meio kilo para vender metade e consumir a outra. O diabo estava fazendo de tudo para destruir a minha vida. Fazendo de tudo para que eu não pudesse sair do caminho que estava me levando para o inferno. Muitas vezes eu li a Bíblia e fumei maconha ao mesmo tempo. Apareceram mulheres se oferecendo para mim. Convites para jantar cheios de malícia. Louvado seja Deus por não ter ido. Eu sei que isto que estou dizendo é tremendamente forte e que pode chocar você. Porém, este é o volume dois e você ainda está aqui, estudando firme. É hora de cair na real e lidar com o que temos que lidar.

Quando comecei a ler a Palavra, especialmente Provérbios, aprendi que era um pecador. Depois de começar a ler a Bíblia, decidi sair do meu trailer e me mudei para o quartel. No dia em que oficialmente aceitei a Jesus Cristo, eu estava lendo Atos 19:19. Eu coloquei as minhas drogas, livros sobre ocultismo, e todas as outras coisas que estavam me prendendo ao mundo das trevas, dentro de um saco de lixo. Eu caminhei até a lixeira próximo à Capela Memorial JFK e joguei tudo fora. Tudo isto não aconteceu da noite para o dia. Muitas pessoas se afastaram de mim. Eu também me afastei de muita gente. Eu tinha que me envolver com pessoas verdadeiramente compromissadas com Jesus. Para que eu sobrevivesse na minha fase inicial da vida cristã, eu precisava de pessoas que tivessem um relacionamento real com Jesus, e não aquelas que viviam brincando de ser crentes.

Eu precisava desesperadamente deixar de "morar no banheiro" para poder me livrar do meu cheiro. A minha oração é que você se entregue a Jesus Cristo. Atenda ao Seu chamado, e vá para onde Ele te enviar, para fazer o que Ele quer que você faça. Seja o homem ou a mulher de Deus que Ele quer que você seja. Que Cristo quebre as correntes que te mantêm atado no mundo do pecado. Não é fácil. Mas, Deus tem poder. Eu, como marido há trinta e oito anos; pai, avô e pastor, digo a você com toda sinceridade que, jamais trocaria o que tenho agora, e o que sou por todo o ouro em Fort Knox.

Artistas: você pode desenhar correntes quebrando?

Dando a Largada Sessão 14

"O CARÁTER"

> **Introdução:**
> Você pode ser um presidente, golfista, ou ator moralmente falido e manter seu trabalho perfeitamente bem, como se nada tivesse acontencendo. Infelizmente, o mundo está mais preocupado com competência e lucro do que caráter. Se, à luz da sociedade, você desempenhar bem o seu papel, ela fará vistas grossas às coisas que você faz no escuro. O Reino de Deus é exatamente o oposto. A Deus não importa se uma pessoa é tida como sábia, forte, com boas conexões, ou de boa aparência. Ele olha para o coração! O caráter deve ir de mãos dadas com a competência. Nesta sessão, vamos olhar para o caráter de um líder cristão. O alvo de todo cristão deve ser o de ter um caráter semelhante ao de Cristo. Portanto, para o líder esta é uma questão essencial.

Versículos-chave para Memorização e Reflexão: 2 Coríntios 3:18b
...somos transformados de glória em glória, na mesma imagem,
como pelo Espírito do Senhor.

Lição:

Cedo na minha vida cristã, tive o privilégio de ocupar a posição de obreiro em uma igreja em Glendale, Califórnia. O meu líder, o pastor Bud Higginbotham um dia me chamou a um lado e me deu um conselho que eu coloquei em meu coração, e que jamais me esqueci. Ele me disse o seguinte: "Nunca toque nas mulheres ou no dinheiro." Lembre-se sempre que, se você pregar uma mensagem ruim, as pessoas vão acabar esquecendo um dia; se você tomar uma decisão ruim, provavelmente as pessoas te perdoarão. Porém, se você se envolver com mulheres, ou mexer no dinheiro da igreja, isto nunca será esquecido e nunca será perdoado. Pelo menos não por parte da igreja. A advertência do pastor Bud tinha a ver com as consequências do mal comportamento no ministério. Conselhos sábios para alguém que estava aspirando ao ministério como eu. Eu tive a oportunidade de ministrar na Bielorussia. Compartilhei com um grupo de jovens o conselho que o Bud tinha compartilhado comigo. Os alunos então me pediram para acrescentar um outro ítem, que segundo eles também era de grande importância. Me pediram para incluir " abuso de poder." Não tenho dúvidas que, mulheres, dinheiro e abuso de poder são os ingredientes que contribuem para a destruição de qualquer ministério.

ao longo da minha vida eu já tive a oportunidade de ver um presidente impeached, generais sendo despedidos, atletas sendo encarcerados, e senadores renunciando seus cargos. Todos eles, de uma forma ou de outra foram surpreendidos nos seus envolvimentos com dinheiro, mulheres, outros homens ou essas três coisas juntas. Eles, de uma certa forma, não deram ouvidos ao conselho do Bud. Por esta razão é que as cadeias estão cheias de funcionários públicos, atletas, atores, pastores, homens de negócios. Por alguma razão, estas pessoas pensaram que poderiam escapar. Perderam tudo: reputação, família, saúde, aposentadoria, dinheiro, e um lugar de honra nos registros da história.

1. Deus ama o Seu povo. Ele estabeleceu um padrão muito alto para aqueles que desejam servir ou conduzir Seus filhos. Qual é o desejo de Deus para o caráter de Seus líderes?

> **1 Timóteo 3: 2A (ARC)**
> Convém, pois, que o bispo seja irrepreensível...
>
> **Tito 1:7 (ARC)**
> Porque convém que o bispo seja irrepreensível
> como despenseiro da casa de Deus...

Pense nas pessoas que pastoreiam sua igreja, sentam-se no conselho, ensinam na escola dominical, ou lideram um grupo pequeno. Como você os qualificaria como sendo " acima de qualquer repreensão." Por mais assustador que isso pareça, "O que você espera de seus líderes?"

_____
_____
_____
_____

2. Quais são algumas coisas que você não gostaria de ver na vida de um líder da igreja?

_____
_____
_____

3. Nós vamos passar algum tempo em duas passagens importantes do N.T. Paulo está dando instruções aos seus discípulos sobre a escolha de líderes para a igreja. Gaste tempo, refletindo e meditando sobre os traços de caráter e comportamento que Paulo está procurando na vida de um líder.

Reflita sobre cada um dos principais traços e mandamentos. Em seguida, use o espaço abaixo para escrever, em suas próprias palavras, por que essas coisas são importantes. Se houver algo que te desafia, faça uma nota especial sobre esta questão para a discutir com o seu mentor.

Anotações: Os escritores do Novo Testamento muitas vezes usam títulos de forma intercambiável. Muitas vezes havia uma sobreposição de deveres e responsabilidades. Houve momentos em que os obreiros serviram e os diáconos pregaram. Para que você tenha uma visão geral, ainda que algo muito simples, estabeleça uma associação entre os obreiros, anciãos, bispos, pastores e supervisores com as atividades de ensino, pregação, plantação de igrejas e liderança. Compare com os diáconos associados aos ministérios de supervisão administrativa e de cultos da igreja.

Ao considerar estas passagens, pense no fato de que os líderes representam a Deus para a igreja e para o mundo. Goste ou não, a verdade é que, o mundo julga o Senhor e a igreja pelo que eles vêem e ouvem os cristãos dizendo e fazendo! Os líderes costumam trazer glória a Cristo. Há muitos servos fiéis no Corpo. Porém, infelizmente, às vezes nossas ações púbicas trazem vergonha e constrangimento ao Salvador.

Qual é a imagem que vem à sua mente ao pensar na figura de um líder? Pense, por exemplo, o que aconteceria se um líder fizesse isto ou aquilo? Ou, ainda, o que aconteceria se um líder não fizesse isto ou aquilo? Procure pensar agora, na sua própria vida à luz da passagem bíblica. Você vê a pessoa que você é ou ainda não? Talvez, veja alguém diferente de você, mas você está disposto a se tornar essa pessoa? Peça a Deus que o ajude na sua transformação. A direção que você está seguindo é muito mais importante do que os lugares em que você já esteve. Uma nota para as mulheres: Paulo escreveu esses versos para os homens numa cultura patriarcal. Eu não tentei re-escrever a questão de gênero por mêdo de alterar sua intenção. No entanto, eu quero pedir-lhes que, por favor apliquem as verdades que ele compartilha à sua própria situação, e ao seu próprio ministério. A questão referente ao caráter cristão não faz distinção entre um e outro gênero. Portanto, falha moral para uma mulher na liderança é igualmente fatal.

Observação:

Um dos meus diáconos ficou muito frustrado com essa seção. Ele me disse que tudo tinha a mesma cara. Ele disse que era repetitivo, redundante. EU SEI! Escrevi desta maneira com o propósito de fazer você ir mais devagar, e fazer você pensar cuidadosamente no que está escrito. Nós temos a tendência de acelerarmos ou de olhar de um modo bastante superficial os temas bíblicos que se nos apresentam. Deus nos deu a palavra com uma intensão. Eu quero que você faça uma avaliação da sua vida espiritual à luz das escrituras. Na maioria das vezes esta é uma experiência dolorosa, porém necessária.

A. 1 Timóteo 3:1-13 (ARC)

Esta é uma palavra fiel:
Se alguém deseja o episcopado, excelente obra deseja.
Convém, pois, que o bispo seja irrepreensível,
Ele deve ser fiel à sua esposa.

Ele deve ter auto-controle

Deve viver sabiamente.

Ter boa reputação.

Deve ser hospitaleiro.

Apto para ensinar.

Não deve ser beberrão

Não deve ser violento.

Ele deve ser gentil.

Não deve ser briguento.

Não deve ser amante do dinheiro.

Que governe bem a sua própria casa.

Ser respeitado e obedecido pelos seus filhos.

Porque se um homem não governa bem a sua casa,
como governará a casa de Deus?

O diácono não deve ser neófito,
para que não venha a se ensoberbecer, tornando-se orgulhoso.
Desta forma, dando ocasião ao diabo para que o derrube.

Deve ter bom testemunho dos de fora,
para que ele não seja envergonhado e venha a cair nas ciladas do diabo.

Da mesma sorte os diáconos sejam honestos

Que sejam íntegros.

Que não sejam beberrões.

não cobiçosos de torpe ganância

guardando o mistério da fé em uma pura consciência

Devem ter uma consciência pura.

Antes de serem consagrados no ofício diaconal, que seja provados.
Se forem aprovados, então, sim. Que sirvam como diáconos.

Do mesmo modo, que suas esposas sejam respetadas.

Que não sejam caluniadoras.

Que tenham autocontrole.

Que sejam fiéis em tudo aquilo que fazem.

Os diáconos sejam maridos de uma [só] mulher

Que administrem bem o seu lar e os seus filhos.

___

Aqueles que exercerem bem o diaconato, adquirirão para si uma boa posição, e muita confiança que há na fé em Cristo Jesus.

___

B.   Tito 1: 5-9 (ARC)

Por esta causa te deixei em Creta, para que pusesses em boa ordem as coisas que ainda restam e, de cidade em cidade, estabelecesses presbíteros, como já te mandei: aquele que for irrepreensível.

Que ele seja fiel à sua esposa.

___

Que seus filhos não tenham a reputação
de serem rebeldes ou desobedientes.

___

Que o diácono tenha uma vida imaculada.

___

Que não seja arrogante.

___

Que não seja irascível;

___

Que não seja beberrão.

___

Que não seja violento,

Ou desonesto no lidar com dinheiro.

Pelo contrário, que sejam hospitaleiros.

Que ame aquilo que é bom.

Ele deve viver sabiamente

Que seja justo.

Que viva uma vida devota e disciplinada.

Ele deve ter uma forte crença na mensagem confiável que lhe foi ensinada;

Então ele será capaz de incentivar a outros com ensino saudável

Para mostrar aos que se opõe, onde é que eles estão equivocados.

Reflexão:

Esta lista intimida você? A mim sim.
Você leu e concluíu que Deus nunca poderia usá-lo? Ele pode!

Anima-te! Paulo nos dá o padrão!
Ele mostra a imagem perfeita da liderança cristã.
Ele nos deu o objetivo ao qual devemos aspirar!

Tenha bom ânimo!
Sabe por que? Porque Adão comeu o fruto, Noé se embebedou, Raabe era uma prostituta, Judá dormiu com sua nora enquanto ela fingia ser uma prostituta; Abraão mentiu; Sara duvidou; Jacó enganou; Moisés cometeu homicídio; Davi cometeu adultério e matou seu amigo para esconder o pecado; Elias, o profeta de Deus, temeu e fugiu para salvar a sua própria vida; Gideão provou a Deus; Sansão cortou os cabelos; Maria Madalena foi quebrantada; Tomé duvidou; Tiago e João buscaram posição de destaque; Pedro negou a Jesus, e Paulo Perseguiu a igreja.
Todos os servos de Deus de maior destaque, pareciam lutar contra a fragilidade de sua humanidade! A glória de Deus mora misteriosamente em vasos de barro!

Anime-se! Se colocarmos nossas vidas, retorcidas e quebradas, completamente aos pés de Jesus, Ele vai nos aceitar e nos lavar completamente. Ele vai nos encher com o Santo Espírito e usar-nos para sua honra e glória! Não em função de quem nós somos, mas sim em virtude de que pertencemos a Ele!

Estou convencido de que o chamado à liderança cristã é uma jornada em que o nosso ser completo está envolvido, coração, mente e vontade. É um completo despojar-se das camadas de pecado que nos sufoca. E isto, envolve aniquilamento da nossa própria rebelião, a fim de revelar a pessoa que o Deus Todo-Poderoso criou para sermos.

A questão é: Você está pronto para que Cristo opere em sua vida, a fim de usá-lo para Sua glória? Você está disposto a ser o barro nas mãos do Mestre Oleiro?

Mesmo sabendo que vai doer?

4. Espero que você tenha refletido sobre a mensagem de Paulo aos líderes. E, que você tenha notado a importância fundamental da família. O amor está no centro da liderança cristã. A paixão e a compaixão pelo povo de Deus são traços característicos do caráter cristão. Deus estava disposto a chamar o rei Davi, "Um homem segundo o seu próprio coração" apesar do seu pecado. Por quê? Porque Davi podia enfrentar a Deus, aceitar correção, chorar, arrepender-se, e cair de joelhos e escrever o Salmo 51.

Como tarefa final, para esta semana, eu quero pedir a você que leia Ezequiel 34: 1-24. Não vamos examinar linha por linha nesta passagem. Eu quero que você leia e permita que ela passe pelo seu ser como uma onda poderosa. Peço a Deus, para que enquanto você lê, o Espírito Santo lhe conceda um chamado inabalável. Vivemos em um mundo profundamente fragmentado em todas as esferas sociais. Deus está buscando homens e mulheres para desenvolver o caráter que Ele revelou a Paulo, e com o mesmo ritmo cardíaco de um coração apaixonado que Ele revelou a Ezequiel.

Ao ler esta passagem bíblica, escreva os pensamentos e as orações que Deus porventura tenha colocado em seu coração. Ouse sonhar com as coisas que Deus tem para você cumprir em sua jornada cristã.

_____

_____

_____

_____

Conclusão:

Eu encontrei um poema que abalou o meu coração profundamente. Eu ainda era um novo convertido e, os efeitos deste poema ainda estão no meu coração, mesmo depois de quarenta anos, encorajando a minha alma continuamente. Embora o escritor se dirija aos homens, eu creio que há aplicabilidade para as mulheres também. Que sirva de desafio a todos nós, visto que Deus está trabalhando em nossas vidas. Conformando-nos à imagem de Cristo. Este é um processo que seguirá até o dia em que havemos de contemplar a sua glória na eternidade.

Tendo reconhecido a Jesus como meu Salvador já ha mais de 40 anos, dos quais, 30 anos eu tenho passado no ministério, creio que eu posso te pedir para que fique firme com Cristo, e nunca abandone os Seus caminhos. Permita que Ele faça uma obra completa em sua vida. Que as barreiras que porventura existam em seu caminho caiam por terra. Ele tem planos para sua vida que você ainda não conhece. Entregue-se completamente a Ele e Ele te usará ainda mais para sua honra e glória. Eu estou plenamente certo do que estou lhe dizendo. Leia o poema na próxima página.

Quando Deus quer treinar um homem

Quando Deus quer treinar um homem,
e emocionar um homem,
e capacitar um homem.

Quando Deus quer moldar um homem
para capacitá-lo a participar na função mais nobre.

Quando Ele anela de todo o seu coração,
criar um homem tão grande e ousado
que todo o mundo se espante,
observe Seus métodos,
observe Sua maneira!

Ele duramente aperfeiçoa
a quem Ele elege!
Ele bate e até machuca,
mas, com golpes poderosos o converte
em barro de argila maleável que
só Deus mesmo conhece
quanto seu coração torturado chora,
e, levanta as suas mãos suplicantes aos céus!

Deus sabe dobrar, sem nunca permitir que se quebre
quando Ele, em pról do seu bem, se compromete a usá-lo.
como Ele usa aquele a quem Ele escolhe
e com todos os seus propósitos o moldeia,
e a cada ato Seu, o impele a desfrutar do Seu esplendor.
Sim, Deus sabe o que faz.

- Autor desconhecido

Mentoria Sessão 14
"O CARÁTER"

Registrando-Se: Fazendo o Check-In

Procure se livrar dos pensamentos do corre-corre da vida cotidiana. Respire fundo. Relaxe e sinta a tranquilidade dentro de você. Usufrua da paz que somente Deus pode dar. Gaste tempo em comunhão um com seu mentor e com outras pessoas que te inspiram a seguir e servir a Deus. Esta sessão nos mostrou o alto padrão que Deus exigiu daqueles que aceitaram o chamado para liderar e servir ao povo. Não permita que esta lista te desanime. A graça de Deus pode mantê-lo no lugar que o Espírito de Deus separou para você.

Lembre-se, o crescimento espiritual e o desenvolvimento do líder são processos longos. Davi foi ungido rei em 1 Samuel 16. Ele somente assumi o trono no capítulo 2 do segundo livro de Samuel. Houve muitas provações e tribulações em sua jornada. Saulo teve um encontro com Jesus em Atos 9. A igreja o envia a Tarso para salvá-lo daqueles que o queriam morto. Em Atos 11:25 Barnabé vai para Tarso em busca de Paulo. Apenas dois capítulos em sua Bíblia. Contudo, a história da igreja nos diz que se passaram mais de dez anos entre Atos 9 e 11. O que Paulo estava fazendo? O que Deus estava fazendo em sua vida? O que Deus quer fazer em sua vida? Há quanto tempo Deus está trabalhando em você? Gaste um tempo com seu mentor pensando profundamente sobre as coisas que Deus tem praparado para você.

Observação:

Esta é uma sessão importante para você compartilhar com seu mentor. Confesso a você, que minha linha de pesquisa no meu doutorado estava voltada para a "igreja em formato de células." Eu tenho orado por você e pela sua igreja. O meu pedido a Deus é que Ele use o material do *Dando a Largada* para levantar líderes dispostos a começar a conquistar almas, a fazer discípulos e a criar grupos de seguidores de Jesus Cristo. Peço a Deus que levante uma nova geração de pastores chamados para servir e a ajuar no estabelecimento de igrejas voltadas para missões. Eu peço a Deus para que sua igreja produza uma colheita de mentores com a ajuda do *Dando a Largada*. E, que estes sejam capazes de discipular todos aqueles que Deus acrescentar à sua igreja. Leve em conta sempre que, o caráter, é uma parte crítica desta nossa jornada. Não podemos levar pessoas a lugares que nós mesmos não estamos dispostos a ir. Quem somos em Cristo sempre define nossa aceitação e capacidade de serviço necessária para realizar a tarefa que Deus nos der. Um excelente carácter e muita competência, permitem uma jornada cristã longa e produtiva.

Conversa Inicial:

1. Passe o tempo nas passagens de Timóteo e Tito com o seu Mentor. Que conhecimentos novos você ganhou?

___

2. O que a passagem de Ezequiel falou ao seu coração? Você sente o mover de Deus para que você cresça como um líder cristão? Você está aberto para a possibilidade de se tornar um líder com um compromisso bem maior? Por exemplo, está disposto a abrir sua casa onde um grupo pequeno (célula) basicamente composto por seu OIKOS possa se reunir para buscar encontrar e aprender mais de Jesus?

___

3. O pecado cria fendas na armadura do líder cristão. O pecado nos torna vulneráveis ao ataque. Um excelente caráter nos protege e nos ajuda, através do dons de Deus, a permanecer no caminho certo. Há alguma fenda ou fendas na sua armadura que o tornam vulnerável aos ataques do maligno e que pode dificultar seu serviço ao Rei? Compartilhe e ore sobre essas áreas com seu Mentor.

___

Lembre-se:
a questão não é onde estamos
Ou onde estivemos ao longo de nossas vidas.
A questão mais importante é onde queremos chegar,
e O preço que estamos dispostos a pagar para chegar até lá!
Há uma grande verdade no antigo ditado que diz,
"Libere-se de tudo e permita o agir de Deus."

Notas:

OIKOS:

Nós sempre estamos sendo observados. Principalmente aqueles que são líderes. Muitos anos atrás eu fui a uma locadora de videos, Block Buster, para entregar um filme que tinha assistido. Eu sei que talvez aquelas pessoas que têm menos de quarenta anos de idade não saiba o que é uma fita VHS e muito menos uma locadora; quando eu entrei a moça do balcão me cumprimentou e disse, "Olá pastor Paul. Tudo bem?" Eu respondi e entreguei a fita para ela. Ela abriu a caixa, verificou o título e guardou o filme. Eu tinha acabado de entregar um filme para um membro da minha própria igreja. A questão é qual foi o tipo de filme que eu tinha alugado? Como isso poderia impactar a vida cristã daquela moça?

Em outra ocasião, eu e meu filho Chris, que na época era pastor dos jovens, no sul da Califórnia, estávamos caminhando tranquilamente em um acampamento no norte da Califórnia, mais de 1600 kilometros de distância da nossa casa. Uma adolescente passou por nós, quando estávamos junto à piscina e gritou para o meu filho: "Ei Pastor Chris, o que você está fazendo por aqui?" As pessoas estão sempre nos observando. Sempre! Alguns observam e oram por nosso sucesso. Outros observam e ardentemente desejam que falhemos porque dessa forma, eles pensam, as limitações que têm serão justificadas, enquanto o seu testemunho é arruinado.

Você tem vivido, orado, servido, compartilhado, e talvez discipulado seu OIKOS. Eles estão observando você. Eles continuarão a observá-lo. O que você disser nunca superará aquilo que eles tiverem a oportunidade de ver. Nunca mesmo! Pense nisso.

*Aos artistas que estão entre nós,
procure fazer um desenho do líder que você pretende ser.*

Dando a Largada sessão 15
"O CORPO"

Introdução:

Eu posso dizer que a minha experiência mais significativa, em termos de liderança, aconteceu quando eu fiz parte da equipe A das Forças Especiais do Exército dos Estados Unidos. É importante destacar que se tratava de uma equipe pois todos tinham as suas especialidades. Uma equipe funciona bem quando todos usam as suas habilidades em função de um alvo em comum. Porém, havia um fator, que ia além das nossas habilidades. Nós éramos mais do que o nosso trabalho. Nós tínhamos uma identidade individual e uma identidade corporativa. Nós fazíamos parte de um mesmo corpo. O fato de eu usar uma Boina Verde fazia com que eu me sentisse parte da família. Eu poderia estar em qualquer parte do mundo, unir-me a qualquer unidade, ou qualquer divisão. O uso da Boina Verde me identificava e eu seria sempre bem-vindo, fosse onde fosse.

Ainda hoje, quarenta anos depois, se eu ouço uma notícia de que um soldado das Forças Especiais Boinas Verde fez algo grandioso, meu peito se enche de orgulho. Da mesma forma, se ouço que algum soldado foi morto, eu inclino a minha cabeça e com dor no peito eu oro. Nós ainda somos família.

O mesmo é verdade no Corpo de Cristo. Não se trata daquilo que podemos fazer, e sim do fato de pertencermos à família de Deus. Pertencemos a Jesus Cristo. Seu sangue aplicado aos nossos corações age como a boina verde na minha cabeça. Pertencemos a Jesus e, de maneira muito especial, pertencemos um ao outro. Esta Sessão examinará o que significa ser um membro do Corpo global vivendo Cristo.

Versículos Chave para Memorização e Reflexão: Romanos 12:4-5 (ARC)
Porque assim como em um corpo temos muitos membros,
e nem todos os membros têm a mesma operação,
assim nós, que somos muitos, somos um só corpo em Cristo,
mas individualmente somos membros uns dos outros.

Lição:

A individualidade é um traço Americano clássico. Todas as pessoas precisam de respeito, e por isso, merecem se destacar do resto do rebanho. No entanto, enquanto os Americanos possuem a capacidade de voar alto como águias, o que é algo impressionante, claro, infelizmente muitas vezes não têm as habilidades necessárias e humildade suficiente para atuar bem na comunidade, como parte de um grupo.

De uma certa forma, isto também ocorre na igreja. Ou seja, os dons de cada indivíduo, assim como cada pessoa, devem ser igualmente respeitados e reconhecidos. No entanto, há um senso corporativo no qual nós pertencemos uns aos outros. Meu comportamento afeta o bem comum da igreja. Eu sou responsável perante meus irmãos e irmãs. Eles estão conectados a mim e têm o direito e também a responsabilidade de se importarem com a minha vida, minha conduta.

Esta semana vamos examinar algumas verdades essencias que nos ajudarão a entender melhor a Vida no Corpo de Cristo. Curtam a jornada!

1. O convite ao altar muitas vezes inclue a oportunidade de aceitar Jesus. Milhões de pessoas em todo o mundo têm pedido a Jesus para entrar em seus corações. Quando dizemos "sim" a Cristo, não estamos apenas nos juntando a Ele, enquanto pessoa. Examine os seguintes versículos. Quais são as outras coisas/pessoas as quais nos conectamos ao aceitar a Cristo?

   A. 1 Coríntios 6: 19-20 _____

   B. Efésios 4:32 _____

   C. Romanos 3:29 _____

   D. Efésios 5: 29-30 _____

   E. 1 Coríntios 12: 13B _____

2. Um dos grandes mistérios cristãos é que nós somos o Corpo de Cristo. Cristo vive em cada um de nós individualmente, mas também vive dentro de nós corporativamente. Temos uma responsabilidade individual para com Cristo e para com os outros. Como os seguintes versículos descrevem quem você é e o corpo do qual você é parte? Que experiências podem ocorrer por causa de sua vida neste Corpo?

   A. Romanos 12:4-5 _____
   _____

   B. Efésios 1:2-3 _____
   _____

C. Colossenses 1:24 _____

_____

D. 1 Coríntios 10:17 _____

_____

E. 1 Coríntios 3:16 _____

_____

_____

3. Em 1 Coríntios 12:12-27, o apóstolo Paulo usa o corpo humano para nos ensinar sobre o nosso lugar no Corpo de Cristo. Leia toda a passagem e depois reflita sobre os pontos individuais.

12-14 Paulo usou judeus e gentios, escravos e livres para ilustrar a diversidade do primeiro século no Corpo de Cristo. Como você aplicaria esse princípio hoje?

_____

_____

15-21 Reescreva esses versículos em suas próprias palavras.

_____

_____

22-24 Que provisão especial Deus fez para os membros menos honrosos do Corpo?

_____

_____

Isso frustra ou encoraja você? Por quê?

_____

_____

25-26 Como devemos tratar uns aos outros no Corpo de Cristo?

_____

_____

27 Como isso faz você se sentir sobre seu lugar no corpo?

_____

_____

4. O Apóstolo Pedro descreve o Corpo de Cristo de uma maneira culturalmente relevante. Jerusalém era uma cidade com muros de pedra que cercavam um templo feito de pedra cortada. Ele usa essa analogia da pedra, que se conecta ao entendimento judaico do templo de Deus. Leia e reflita sobre suas palavras grandiosas.

1 Pedro 2:4-10 (ARC)
E, chegando-vos para ele, a pedra viva, reprovada, na verdade, pelos homens, mas para com Deus eleita e preciosa,

Qual o nome que Pedro aplica a você?

_____
_____

vós também, como pedras vivas, sois edificados casa espiritual e sacerdócio santo, para oferecerdes sacrifícios espirituais, agradáveis a Deus, por Jesus Cristo.

Que título e ministério Pedro aplica a nós?

_____
_____

Que tipo de sacrifícios espirituais você pode oferecer?

_____
_____

Como dizem as Escrituras:
Eis que ponho em Sião a pedra principal da esquina, eleita e preciosa; e quem nela crer não será confundido. E assim para vós, os que credes, é preciosa, mas, para os rebeldes, a pedra que os edificadores reprovaram, essa foi a principal da esquina;

Que promessa temos se confiarmos em Cristo?

_____
_____

E assim para vós, os que credes, é preciosa, mas, para os rebeldes, a pedra que os edificadores reprovaram, essa foi a principal da esquina; e uma pedra de tropeço e rocha de escândalo, para aqueles que tropeçam na palavra, sendo desobedientes; para o que também foram destinados.

O que aguarda aqueles que rejeitam Cristo e a Palavra de Deus?
_____
_____

> Mas vós sois a geração eleita, o sacerdócio real,
> a nação santa, o povo adquirido,

Como você se sente ao ser nomeado povo escolhido de Deus?
_____
_____

> para que anuncieis as virtudes daquele que vos chamou
> das trevas para a sua maravilhosa luz;
> vós que, em outro tempo, não éreis povo, mas, agora, sois povo de Deus;
> que não tínheis alcançado misericórdia, mas, agora, alcançastes misericórdia.

Qual é o seu ministério agora que você recebeu a misericórdia de Deus?
_____
_____

Qual é a implicação desta verdade para o seu OIKOS?
_____
_____

5. Pedro não estava sozinho no uso das imagens do templo. Paulo, o livro de Hebreus e Jesus também usam essa imagem. O que os seguintes versículos nos prometem?

A. Efésios 2: 20-22 _____
_____

B. Hebreus 3: 6 _____
_____

C. Apocalipse 3:12 _____
_____

6. Se tensão, pecado e conflito ocorrem nas famílias, é de se esperar que também ocorram no Corpo de Cristo. É sempre trágico ver as famílias, de qualquer modo que seja, espiritualmente ou não, serem destruídas. A primeira sessão nos ensinou que o pecado causa separação. Este princípio é verdadeiro no casamento, famílias, igrejas, cidades, estados e países. Jesus nos deu instruções claras e diretas para lidar com o pecado e feridas no Corpo. A chave para esse padrão é um coração aberto e humilde. Quando o Espírito de Deus está no comando, grandes coisas acontecem. O orgulho e a carne tornam as coisas muito difíceis. Esta jornada deve ser banhada em oração e paciência. Estudemos Seu padrão em Mateus 18: 15-17 (ARC).

PASSO UM:
Ora, se teu irmão pecar contra ti,
vai e repreende-o entre ti e ele só;
se te ouvir, ganhaste a teu irmão.

Como você está lidando com o confronto? Como você poderia melhorar? Qual é a sua predisposição? Se envolver em conflitos? Ignorá-los? Fugir deles? Você se considera um leão, um avestruz, ou um filhotinho de? Qual deve ser a sua postura, atitude e maneira de agir ao se aproximar de um irmão ou irmã, para começar uma conversa difícil?

_____
_____
_____
_____

PASSO DOIS:
Mas, se não te ouvir,
leva ainda contigo um ou dois,
para que, pela boca de duas ou três testemunhas
toda palavra seja confirmada.

Como você pode fazer isso de uma forma positiva, para que ninguém se sinta ameaçado? Como você faz para não dar a impressão de que você faz parte de uma multidão de linchamento indo para cima da pessoa(s) com quem tem que falar?

_____
_____
_____
_____

PASSO TRÊS:
*E, se não as escutar, dize-o à igreja;
e, se também não escutar a igreja,
considera-o como um gentio e publicano.*

Seria fácil usar esta passagem para "se livrar de muitas pessoas." No entanto, qual é nosso chamado cristão em relação aos pagãos e coletores de impostos?

_____
_____
_____
_____

Pensamento Importante:

Uma das maiores pragas da comunicação é a triangulação. Pode acontecer em qualquer lugar. Significa que eu falo com outras pessoas, em vez de dirigir-me a você. Eu construo minha equipe de pessoas que tenham a mesma opinião que eu, e que portanto, vão ajudar-me a atacar quem quer que seja. Elas se dispõe a defender o meu lado da história. Quando a minha equipe resolve atacar a sua equipe, você lança mão do seu conto de lamentações e isto gera um grande conflito com todos os meus amigos. Os efeitos destes eventos prejudiciais dessas ações se multiplicam como ondas. Cristo nos libertou destas coisas. Ele diz claramente, se há algum problema com o seu irmão, vá até ele e resolva. Não converse a respeito da situação entre você e seu irmão com outras pessoas, "Vá a ele" diretamente. O nosso objetivo deve ser perdoar e curar, e não ferir e vencer. Isto é certamente fácil para algumas pessoas e tremendamente difícil para outras. Somos um Corpo e nossa unidade é preciosa para Jesus.

*Zacarias 8: 16-17 (ARC)
Eis as coisas que deveis fazer:
falai verdade cada um com o seu companheiro;
executai juízo de verdade e de paz nas vossas portas;
e nenhum de vós pense mal no seu coração contra o seu companheiro,
nem ame o juramento falso;
porque todas estas coisas eu aborreço, diz o Senhor.*

Conclusão:

Jesus Cristo é a Cabeça e você é uma parte preciosa e importante de Seu Corpo. Você pode ser rico ou pobre, alto ou baixo, preto ou branco, judeu ou gentio, homem ou mulher. Isso não importa. Se você abriu seu coração para Jesus, então você é parte da família. Você é uma pedra viva. Você é um pilar em preparação. Você pode ser uma mão, pé, olho ou orelha. Não importa que parte do corpo você representa. Se você pertence a Jesus, você é parte da família. Esta é uma verdade tremenda e poderosa! Nunca se esqueça! Nunca permita que alguém o exclua da família de sua igreja.

Lembre-se, relação familiar nem sempre é fácil. As famílias passam por temporadas de bênçãos e temporadas de julgamento. As famílias experimentam nascimento e morte. As famílias discutem e também recebem cura das feridas. Infelizmente, as famílias humanas podem se dividir por causa de pecado e ofensas. Porém, isto não deveria ocorrer na igreja, de uma vez que Deus nos deu os meios adequados para lidarmos com qualquer situação. Deus não quer um Corpo dividido. Precisamos uns dos outros. Nós somos mais fortes e funcionamos melhor quando estamos unidos. Nenhum exército jamais conquistou um inimigo enquanto eles mesmos se ocupavam de se machucar e e lutar entre si.

Permita-me fazer-lhe um desafio pessoal. Na verdade, eu estou orando neste exato momento, para que o Espírito Santo de Deus lhe faça uma visita especial enquanto você lê estas palavras.

UM CAMINHO PARA A PAZ NO CORPO:

Aceite Jesus Cristo como seu Senhor e Salvador.
Dedique-se a oração. Estude Sua Palavra.

Encontre uma igreja onde os crentes estejam empenhados
em crescer, servir, amar e seguir a Cristo.
Junte-se a essa expressão local da Igreja universal de Deus.
Comprometa-se a ser fiel. Participe do louvor.

Junte-se a uma célula/groupo de estudos. Encontre um Mentor.
Cresça. Assuma um compromisso com Jesus,
primeiramente, e com a igreja.
Siga os líderes na medida em que eles, por sua vez, sigam a Cristo.
Seja um membro da família cristã, sólido como a rocha.
Descubra seus dons espirituais e
use-os para abençoar outras pessoas.

Se houver um problema, diga a alguém.
Se alguém te fez alguma maldade, diga a eles.
Se você está aborrecido com o Pastor, vá e fale com ele.

Se você pecar contra alguém se arrependa
e diga que está arrependido.
Nunca se esqueça de que Cristo
é a cabeça e você faz parte de Sua família.
Permaneça sempre conectado, servindo e crescendo.

Você é uma parte preciosa,
especial e maravilhosa da família de Deus.
Lembre-se, lidar com família ném sempre é fácil,
mas, esteja certo de que sempre vale a pena!

Dando a Largada Sessão 15

"O CORPO"

Registrando-Se: Fazendo o Check-In

Somente Deus sabe que feridas ou questões esta sessão pode ter trazido à tona. A maioria das pessoas tem experiências maravilhosas na igreja. Porém, há também aquelas que tiveram experiências dolorosas. A culpa pode estar em qualquer um dos lados. Talvez muitos de vocês sejam novos convertidos.

Por esta razão, estão abertos para tudo aquilo que Deus tem para vocês. Vocês ainda não tem nenhuma bagagem espiritual. Louvado seja Deus! A minha oração é que Deus possa ajudá-los a integrar-se profundamente na igreja. Que Deus possa curar qualquer ferida ou mágoa. Que Ele possa sanar o teu coração. Coisas antigas tendem a retardar o nosso progresso espiritual na nossa jornada com Jesus. Se vocês são novos no corpo de Cristo, bem-vindos à sua nova família! Vocês também podem aplicar o ensinamento desta semana à sua família terrena. Sejam francos e honestos uns com os outros. Desfrutem a jornada!

Conversa Inicial:

1. Você fez ou faz parte de alguma grande organização além da igreja? Por que você considera essa organização especial?

   _____
   _____
   _____

2. Descreva sua "família de origem". Como era o relacionamento entre vocês? Como vocês lidavam ou lidam com desentendimentos ou conflitos?

   _____
   _____
   _____

3. Como você descreveria a sua postura no âmbito familiar? Você é uma "coluna de estabilidade" ou a "rainha/rei do drama?" Você normalmente é a fonte de tensão, ou aquele(a) que restaura?

_____
_____
_____
_____

4. Esta lição desafiou a noção de individualidade em relação à família de Deus. Como você responde a esta idéia bíblica de "pertencermos uns aos outros?" Verifique a lição novamente. Houve algum pensamento ou passagem bíblica que falou com você de um modo especial?

_____
_____
_____
_____

5. Você já experimentou uma vida corporativa saudável, ou algum problema na igreja chegou a lhe causar alguma dor?

_____
_____
_____

6. Se você sofreu alguma mágoa ou resssentimento na igreja, você perdoou e seguiu em frente? Ou, esta questão do passado ainda define quem você é ? Este seria um grande momento para compartilhar com seu mentor e entregar o passado nas mãos de Deus. Há alguém que você precisa confrontar ou perdoar? Procure sugestões com o seu mentor. Lembre-se: É difícil correr a corrida se você está arrastando um grande peso horrendo e antigo.

_____
_____
_____

7. Existe alguma outra área em que você precisa se desenvolver, a fim de que você se torne uma pessoa mais eficaz no corpo de Cristo?

_____
_____

8. Existem problemas na sua família terrena com os quais você precisa lidar ?

_____
_____
_____
_____

Anotações:

_____
_____
_____
_____
_____

OIKOS:

Quando eu vim para a Igreja Batista do Calvário em 1995, eu encontrei uma casa dividida. Os irmãos que participavam do culto contemporâneo não se davam bem com os que frequentavam o culto tradicional. Os que eram considerados os pilares da igreja tiveram a insensatez de perguntar literalmente: "Quem são essas pessoas e o que estão fazendo na nossa igreja?" Minha vizinha, uma jovem senhora chegou à igreja para nos visitar, juntamente com a sua mãe. Foi então que um casal de irmãos já idosos se aproximou das duas visitantes e disse, "Vocês estão sentadas em nosso lugar." As visitas me contaram isso logo depois do término do culto. Eu fiquei chocado.

O líder do coral me disse que ele havia permanecido na igreja enquanto três pastores passaram pelo ministério. Ele disse que continuaria porque certamente eu sairia também. Houve um domingo em que algumas pessoas gritaram comigo dos seus bancos. Tomei uma decisão de fechar uma escola cristã, que fazia parte do ministério, porque a escola estava envolvida em uma montanha de dívidas. Como consequência desta decisão, um homem cerrou os punhos e me desafiou três vezes em uma reunião pública. O meu filho se posicionou à minha direita e um membro da junta da igreja, Mike Boyd, se posicionou à minha direita. A razão pela qual eu compartilho estes acontecimentos pelos quais eu passei no meu ministério, não é para ser deprimente ou para castigar a igreja. A questão toda é que eu sei que alguns de vocês estão passando por situações extremamente difíceis. Talvez, você seja um pastor ou outro líder. Eu sei que alguns de vocês estão pagando o preço por seguir a Cristo em seu OIKOS, na sua igreja, no seu trabalho, ou mesmo na sua cidade.

Eu quero compartilhar uma palavra de encorajamento com você. Ela me foi dada pelo meu ministro de área, nos meados de 1998. Isto foi o que ele me disse: "Esta igreja tem afugentado vários pastores. Você precisa permanecer firme e lutar."

Muitas são as vezes em que nós nos esquecemos que estamos em uma guerra. Cristo expulsou demônios, confrontou o sumo sacerdote e não se curvou diante dos reis. Que vocês sejam tão gentis, honestos, humildes e centrados na salvação dos outros, quanto seja possível. Não hajam com baixeza. Não sejam arrogantes. E, não hajam com estupidez. Vocês devem ficar firmes no nome de Jesus Cristo, quando ocasiões difíceis surgirem. Fale a verdade com autoridade, quando necessário. Se Deus te chamou para liderar Seu rebanho, não permita que os poderes do inferno te afugentem. Siga as regras de Mateus 18 na família, no seu OIKOS e na igreja. Fale a verdade com amor. Arrependa-se quando estiver errado. Estejam sempre dispostos a perdoar.

Eu peço a Deus que use você e o *Dando a Largada*, como agentes de cura, no seu círculo de influência. Cristo ama a Igreja pois ela é o seu Corpo. Nós, a Igreja somos a noiva de Cristo. Faça tudo o que puder para ajudar a juntar e proteger os cordeiros de Deus. Fazer isso não é nada fácil, mas é o correto. É o que devemos fazer.

Um último pensamento: Jesus diz que se você tem alguma coisa contra alguém deixe sua oferta no altar e vá se reconciliar com ele(a). Ele também diz que, se alguém tem alguma coisa contra você o mesmo princípio se aplica. Isso me diz que Ele quer que nós iniciemos a cura sempre que possível. Pode haver circunstâncias em que isso não seja algo seguro; pode até não parecer algo sábio, ou quem sabe seja até duvidoso sob o ponto de vista da legalidade do ato. Porém, o nosso princípio orientador deve ser a reconciliação, e devemos fazê-lo agora.

Dando a Largada Sessão 16
"O MODELO"

Reflexão:

É difícil acreditar que você está começando a sessão final do "Dando a Largada." Minha oração é que o trabalho que você e seu mentor têm realizado tenha agitado a sua fé e a sua compreensão. Espero que ambos tenham ido muito além das questões superficiais da vida. Que vocês possam ter desenvolvido uma amizade profunda e duradoura. Que, mais do que tudo, vocês tenham desenvolvido um relacionamento íntimo com Jesus Cristo. Clamo a Deus para que vocês tenha despertado uma nova paixão pela vida e pelo ministério, e que isto seja algo evidente no mais profunda de suas almas. Sigam adiante, sempre crescendo. Somente Deus sabe tudo o que Ele tem preparado para você!

Introdução:

As Escrituras nos ensinam que a os seguidores de Cristo do N.T. se reuniram em grandes grupos, pequenos grupos e também um-a-um. Esse padrão começou no Antigo Testamento, e de uma certa forma, continua assim até hoje. Nesta sessão, eu vou apresentar os fundamentos bíblicos para o que eu chamo de Culto de Celebração, Grupos pequenos e, Mentoria. Esta sessão pode servir como base para o desenvolvimento de um estilo ministerial eficaz.

Observação: À medida que você trabalhar nesta lição, respeite o modelo de ministério da igreja que você frequenta. Respeite o seu pastor e também os diáconos. Compartilhe o que você está aprendendo com os líderes da sua igreja, sem tentar impor as suas idéias. Submeta-se à autoridade que lhes foi confiada. Por favor, nunca hajam com espírito de rebeldia. Lembre-se, Jesus é extremamente capaz de liderar a Sua igreja.

Versículo-Chave para Memorização e Reflexão: Atos 2:46 (ARC)
E, perseverando unânimes todos os dias no templo e partindo o pão em casa, comiam juntos com alegria e singeleza de coração...

Lição:

A Igreja não é um edifício. Não é um grupo de estranhos sentados em uma grande sala encarando a cabeça daqueles que estão assentados no banco logo à frente. É mais do que uma pessoa falando ou um grupo de algumas poucas pessoas cantando. O Corpo de Cristo é um diamante gloriosamente multifacetado, onde todas as faces refletem a luz de Cristo para todo o mundo. Celebração, Grupos de estudo, e Mentoria concedem aos crentes oportunidades excelentes para exercitarem seus dons espirituais. Lembre-se de de que a sua igreja pode estar usando outros nomes para designar tudo aquilo a que eu me refiro aqui. Use o bom senso, porque o que realmente importa são os princípios bíblicos que eu emprego, e não os nomes que eu uso. Há muitas maneiras de se referir aos ministérios da igreja, inclusive em relação ao tamanho deles.

Definições:

Estas não são definições perfeitas ou completas. Eles apenas representam pontos de partida para dar uma direção objetiva às nossas discussões. Os nomes que eu uso tem a ver com a igreja que eu servi como pastor.

CELEBRAÇÃO

e uma grande reunião grupal onde os crentes e aqueles que estão em busca de algo, se reúnem para ouvir a palavra de Deus sendo pregada; onde cânticos são entoados e orações são dirigidas à Deus. É um encontro onde as pessoas que estão à frente conduzem toda a programação. Há momentos em que o Espírito Santo pode levar a congregação a responder de uma maneira especial. Há, de um certo modo, uma expectativa por parte dos dirigentes e outra por parte do povo. Estes pensam em receber, e aqueles em compartilhar. É o povo de Deus prestando-lhe adoração de forma coletiva. Comunhão, dança, artes, drama e multimídia são apenas algumas das maneiras pelas quais os líderes podem levar o povo a se conectar a Deus.

GRUPOS DE ESTUDO,

também conhecidos como grupos pequenos ou células, são lugares onde crentes e aqueles que estão buscando, se reúnem para vivenciar Atos 2:46 diz: "E perseverando unânimes todos os dias no templo, e partindo o pão em casa, comiam juntos com alegria e singeleza de coração." Quero recordar-lhes que a Ceia do Senhor está incluída nesse momento de compartilhar uns com os outros. Cada Grupos de estudo têm um Pastor/Líder. Cada crente presente é um membro talentoso do Corpo. Cada crente usa seus dons e talentos para o bem comum. O estudo da Bíblia acontece, mas o Grupo de Estudo é muito mais do que um estudo bíblico, onde normalmente, uma pessoa fala e todos os outros ouvem. Os visitantes que ainda não receberam a salvação em Cristo Jesus são incentivados a participar ativamente nas discussões. É no Grupo de Estudo que a mensagem pregada é discutida amplamente. Enquanto a Celebração está voltada para apresentação, Grupos de estudo estão voltados para a aplicação.

MENTORIA

se refere ao tempo dedicado para o aprofundamento na Palavra. O ritmo é necessariamente mais tranquilo. É nesta fase que o Mentor se conecta ao seu aprendiz ou discípulo. Quando se chega ao final do *Dando a Largada*, os dois podem decidir qual será o próximo passo em termos de escolha de um novo tópico de estudo da Bíblia. A expectativa é a de que se desenvolva entre ambos, uma amizade espiritual longa e duradoura, onde ferro possa afiar ferro, modo de dizer. Peço a Deus que o seguidor de Cristo, conquistador de almas e fazedor de discípulos, se multiplique mais e mais. Há, sem nenhuma dúvida, certos tópicos que podem ser tranquilamente discutidos na Celebração. No entanto, se você precisa se aprofundar um pouco mais, o lugar adequado é o Grupo de Estudo. Todavia, se há necessidade de se discutir qualquer tópico, ou confissão, seja o que for, em mentoria, não deveria haver nenhum problema. Contanto que as partes estejam de comum acordo para prosseguir com a discussão, sem que nenhum lado se sinta constrangido.

Observação:

É de suma importância que o modelo de ministério que você segue esteja fundamentado na Bíblia. Eu creio que não devemos aceitar um modelo criado pelo homem. "Não podemos ser sábios aos nossos próprios olhos." Anos de estudo e reflexão me levaram a esta conclusão. É por esta razão que eu procurei apresentar um grande número de passagens bíblicas-chave, no Antigo Testamento e no Novo Testamento também. Estou muito feliz em poder apresentar a você estas passagens que vão fundamentar as minhas asserções em relação à Celebração, Grupos de Estudo e Mentoria. Beba profundamente dessas passagens. Leia-as, estude-as e medite nelas. Use estudos e comentários, faça pesquisas. É minha esperança e oração que Deus use Sua Palavra para chamá-lo para uma vida de Celebração, Grupos de Estudo e Mentoria. Se sua igreja, capela ou comunidade de fé não tem atualmente Celebração, Grupos de estudo e Mentoria, oro para que esses versículos sejam o catalisador que ajudará você a iniciá-los. Quero que você saiba que eu estou disponível para ajudar em qualquer uma dessas áreas.

1. O que os seguintes versículos lhe dizem sobre Celebração?
   Escolha os princípios e resultados importantes da adoração corporativa!

A. Deuteronômio 31: 9-13

_____

_____

B. Josué 8: 34-35

_____

_____

C. Neemias 8: 1-3

D. Neemias 9: 1-4

E. 2 Crônicas 7: 1-4

F. Esdras 6: 16-18

G. Mateus 5: 1

H. Mateus 13: 2

I. Atos 2: 1

J. Atos 2:14

Considere a lista acima. Que elementos comuns ou padrões você observa? O que você vê acontecendo no Antigo e no Novo Testamento?

2. O que os seguintes versículos lhe dizem sobre reuniões do Grupo de Estudos? Procure padrões ou temas comuns. Anote os números e as relações entre as pessoas mencionadas.

A. Gênesis 7:13   [Versículo diferente/único! Por que?]

___

B. Êxodo 18:25

___

C. 2 Reis 2: 1-5

___

D. 2 Samuel 23: 18-19

___

E. Lucas 6: 12-13

___

F. Marcos 4:10

___

G. Atos 11: 11-14

___

Que temas comuns você viu no AT e NT?

___

3. O que os seguintes versículos sugerem sobre Mentoria? Novamente, procure padrões e temas comuns.

A. Êxodo 17:12

B. Êxodo 24: 12-14

C. 2 Samuel 23: 8-17

D. 2 Reis 2: 1-5   [O mesmo versiculo se aplica a Grupos de Estudos e Mentoria.]

E. Mateus 17: 1

F. Mateus 26:37

G. Marcos 5:37

H. Marcos 13: 3

I. 1 Timóteo 1: 1-2

J. Tito 1: 1-4

4. Em um Modelo de Igreja Célula (grupos pequenos), a Celebração é onde se obtem informações e Grupos de Estudo é onde se faz as aplicações. Confira este princípio na prática durante o tempo de Esdras.

A. O que está acontecendo em Celebração?   Neemias 8: 1-6

B. O que você acha que os líderes estão fazendo que se assemelha a um Grupo de Estudos?   Neemias 8:7:12

Uma Palavra para o Pastor Titular/Pregador Oficial:

Eu adoro escolher temas e escrever perguntas para serem desenvolvidas nos Grupos de Estudo. São nesses momentos que eu tenho a oportunidade de acrescentar as passagens bíblicas, pensamentos, anedotas e outros pontos de ensino que eu não poderia incorporar devido ao tempo curto do sermão. Esses momentos são perfeitos para ajudar os irmãos, de forma mais individualizada, a entender e reter o conteúdo de forma melhor. Quando estou preparando esses tópicos e perguntas sempre penso, "O que eu quero que as pessoas pensem, façam, ou apliquem em suas vidas através dessa mensagem?" Algo assim faz uma diferença tremenda no camilhar da igreja. Experimente, você pode gostar!

C. Qual é o resultado em Neemias 8:12 (ARC)?

> Então, todo o povo se foi a comer,
> e a beber, e a enviar porções, e a fazer grandes festas,
> porque entenderam as palavras que lhes fizeram saber.

5. Atos 2: 41-47 é uma passagem bíblica clássica do N.T. Ela descreve o modelo Ministerial em Células. Examine cuidadosamente estes versículos. Mantenha em sua mente e verifique qual a relação com a Celebração, os Grupos de estudo e Mentoria. Quais são os princípios fundamentais que você é capaz de encontrar?

[Observação: Estas perguntas são claras e diretas.
Você só precisa ler o versículo para identificar as respostas]

> De sorte que foram batizados os que de bom grado receberam a sua palavra;
> e, naquele dia, agregaram-se quase três mil almas.

_____
_____
_____

> E perseveravam na doutrina dos apóstolos,
> e na comunhão, e no partir do pão, e nas orações.

_____
_____
_____

> Em cada alma havia temor,
> e muitas maravilhas e sinais se faziam pelos apóstolos.

_____
_____
_____

> Todos os que criam estavam juntos e tinham tudo em comum.
> Vendiam suas propriedades e fazendas e repartiam com todos,
> segundo cada um tinha necessidade.

_____
_____

> E, perseverando unânimes todos os dias no templo
> e partindo o pão em casa,
> comiam juntos com alegria e singeleza de coração,
> louvando a Deus e caindo na graça de todo o povo.

_____
_____
_____

> E todos os dias acrescentava o
> Senhor à igreja aqueles que se haviam de salvar.

_____
_____
_____
_____

Conclusão:

É interessante como Deus, a fim de preparar o Seu povo, ensinou-os a se reunirem de variadas formas, como por exemplo: grupos pequenos, grandes, e ás vezes ensinamentos na forma de mentoria, ou seja, um-a-um. Passagens bíblicas que demonstram isso são abundantes por todas as Escrituras. Cronologicamente estamos falando de uma tradição de mais de dois mil anos. Como já mencionei anteriormente, Jesus dedicou um tempo especial para o treinamento de Pedro, Tiago e João.

**O *DANDO A LARGADA* JÁ ESTÁ QUASE NO FIM.
É MUITO IMPORTANTE QUE VOCÊ SE COMPROMETA
A PRIORIZAR ESSAS COISAS NA SUA VIDA:**

**Celebração, Grupos de Estudo, Mentoria,
Estudo Ativo da Palavra (estudo bíblico), Oração,
Ministério baseado em dons, e Evangelismo no seu OIKOS.**

Fale com seu Mentor, Pastor ou Presbítero, sobre oportunidades de servir na sua igreja. Não há nada mais animador para um pastor, quando algum membro de sua igreja o procura com um desejo genuíno de se envolver no ministerio para servir a congregação. Confie em Deus e dê o próximo passo na sua jornada. Esteja aberto à possibilidade de se tornar um líder de um dos Grupo de estudo, ou até mesmo um pastor. Esteja aberto a compartilhar sua fé com aqueles em seu OIKOS à medida em que Deus for lhe dando oportunidades. Use os dons que Deus lhe deu. Seja flexível à ação do Espirito Santo na medida em que Ele vai despertando os dons que já lhe foram confiados por Deus. Esteja pronto para liderar outras pessoas através do *Dando a Largada*.

Um Pensamento:

Você merece ser aplaudido por ter completado os seus estudos. Agora, você deve usar tudo aquilo que aprendeu como uma mola propulsora que vai lançá-lo ainda mais adiante. Converse com seu mentor sobre o próximo livro, estudo ou tópico que você gostaria de explorar. Ore a Deus pela pessoa que você estará liderando através do *Dando a Largada*. Fale com o líder do Grupo de Estudos, sobre a possibilidade de você fazer um tipo de estágio com ele/ela. Diga ao seu Pastor se você está sentindo a chamada para o ministério vocacional. Não pare agora. Eu te amo em Cristo e estou muito orgulhoso de você. Eu não vejo a hora de poder ver aquilo que Deus fará através de você, na medida em que você continue a segui-lo.

Por favor, não deixe de compartilhar comigo o que Deus estiver fazendo em sua vida. Eu adoraria ficar sabendo de tudo. Sou um bom ouvinte. Faça uma revisão do *Dando a Largada* na Amazon.com. Envie um e-mail pra mim com o seu testemunho ou com a sua obra de arte digitalizada. Por favor, inclua seu estado ou o seu país de origem. É emocionante ouvir o que Deus está fazendo e onde o *Dando a Largada* está chegando. Atualmente ele está sendo usado na Índia e no Congo. Já está sendo traduzido para o Espanhol e o Swahili. Estou no processo de tradução para o Francês e o Chinês.

Dando a Largada Sessão 16
"O MODELO"

Registrando-Se: Fazendo o Check-In

Chegamos à última sessão de Mentoria do *Dando a Largada*. Talvez, cinco ou seis meses se passaram. Eu creio que você e seu mentor fizeram uma viagem espetacular. Agora é chegado o momento de comemorar o grande feito. Um churrasco talvez seja uma boa pedida. A sobremesa não pode faltar! Decidam qual será o próximo passo. Eu peço a Deus que você já tenha iniciado um novo processo de mentoria com alguém mais. Se não iniciou ainda, eu vou pedir a Deus que seu pastor, Presbítero, ou líder de grupo possa colaborar com você para fazer esta conexão abençoada.

Eu sugiro a leitorua dos seguintes livros: *8 to 15, Discover your Spiritual Gifts (Descubra seus Dons Espirituais); Hope after Betrayal (Esperança Após a Traição); " Healing When Sexual Addiction Invades Your Marriage" (Cura Quando o Vício Sexual Invade o Seu Casamento)*, escrito pela minha grande amiga Meg Wilson; ou mesmo alguma outra leitura a que você tenha acesso. Eu estou confiante de que você, ousadamente, dará o próximo passo na sua

Conversa Inicial:

1. Quais são os padrões que você observou na seção sobre Celebração?
___
___
___
___

2. Quais são os padrões que você observou na seção Grupos de Estudo?
___
___
___
___

3. Quais são os padrões que você observou nas seções sobre Mentoria?

_____
_____
_____
_____

4. Reflita sobre sua própria vida:
A. Você é fiel na Celebração?
_____
_____

B. Você é fiel nos Grupos de Estudo?
_____
_____

C. Você é fiel na Mentoria?
_____
_____

5. Você está repassando o que aprendeu a outras pessoas?
_____
_____
_____

A. Você está convidando seu OIKOS para Celebração e Grupo de Estudos?
_____
_____

B. Você já pensou na possibilidade de fazer um tipo de estágio em um Grupo de Estudos para aprender como um líder deve se posicionar?
_____
_____
_____

C.   Deus já conectou você com alguém que você possa discipular?
_____
_____
_____

6.   O que você e seu mentor planejam estudar em seguida?
     Lembre-se: O *Dando a Largada* é apenas um começo, ou uma revisã!
     Continue seguindo em frente e continue crescendo!
_____
_____
_____

Anotações:
_____
_____

OIKOS:

Que maravilha! Você venceu todos os obstáculos e finalizou este segmento da sua jornada! A minha oração é que estes meses de estudo tenham impactado a sua vida e também o seu OIKOS, que a sua jornada tenha produzido múltiplos efeitos positivos no seu círculo de influência. Se você não estiver discipulando alguém ainda, apresente-se ao seu pastor, mentor, ou líder de ministério e diga a ele que você está pronto para trabalhar na obra e peça uma oportunidade de fazer parte da equipe. Depois de dezesseis semanas de estudo e reuniões, você tem as ferramentas que você precisa para ajudar outras pessoas a começarem suas jornadas com Jesus. Uma jornada de discipulado cristão. Eu peço a Deus que quando Ele lhe abrir as portas, que Ele lhe de coragem, confiança e humildade para entrar por elas. Não há maior alegria do que ver alguém entregar-se a Jesus e observá-lo no desenvolvimento de sua fé. Lembre-se das palavras de Andy Stanley. "Você não precisa encher o copo de outra pessoa. Deus só pede para você esvaziar o seu."

**Que Deus o abençoe em sua jornada
E que Ele possa usá-lo na construção de Seu Grandioso Reino.**

Eu te amo em Cristo Jesus e continuarei a orar por você,

–f Pastor Paul

ORAÇÃO:

Oh, Deus, Todo Poderoso:
Eu recebo a Jesus Cristo de Nazaré
como meu Senhor e Salvador.

Eu aceito a Ti como meu Pai celestial.

Convido o Espírito Santo a entrar na minha vida,
para ser o meu professor, guia e Consolador.

Submeto meu corpo, mente,
alma e recursos a Cristo e Seu Reino.

Que o Senhor me guie,
dirija e proteja.

Eu quero ir para onde Ele quer que eu vá,
dizer aquilo que Ele quer que eu diga,
fazer o que Ele quer que eu faça,
e ser o homem/ mulher de Deus que
ele me chamou para ser.

Livra-me dos poderes do mal desta era,
e receba-me no teu Eterno Reino Celestial
quando minha jornada terrena
neste mundo estiver terminada.

No poderoso e precioso
nome de Jesus Cristo.

AMÉM

SOBRE O AUTOR:

Dr. Paul M. Reinhard nasceu em Ft. Sill, OK, em 1955, porém, sua família logo se mudou para o Sul da Califórnia, onde ele passou sua infância e juventude. Ele se formou na Glendale High em 1973 e se alistou no Exército dos EUA em 1974.

Ele passou os próximos quatro anos treinando e servindo como soldado. Sua vida militar foi bastante ativa e ele particiou de operações especiais (algumas tem a classificação restrita). Coisas como pular de paraquedas no meio da mata, mergulho e apoio marítimo, são algumas das coisas nas quais Paul se especializou enquanto participou de operações em várias partes do mundo.

No verão de 1977, o estilo de vida louco de Paul fez com que ele tomasse uma decisão. Foi quando ele aceitou o chamado do Senhor Jesus na sua vida. Então, ele deixou de viver uma vida de farras e desordem para viver uma vida que glorificasse a Deus. Ele reconheceu seu estilo de vida pecaminoso e decidiu mudar.

Em 1978 Paul se casou com Karen Louise Maddux, após sair do Exércio. Ele entrou na Academia de Polícia quando sua esposa estava grávida de seu primerio filho, que nasceu em 5 de Julho de 1980 poucos dias antes que Paul se formasse na Academia de Xerife de Los Angeles.

O trabalhar no departamento de Polícia era apenas uma forma de pagar as contas. Seu coração realmente estava no ministério. Então ele começou a estudar na Universidade Azuza Pacific e durante este tempo trabalhou em vários empregos. Vendeu carros, fez jardinagem, para sustentar sua família enquanto estudava. Em 1983, sua filhinha nasceu e em 1985, ele recebeu seu diploma de bacharel em Literatura Bíblica.

Paul e sua família começaram o ministério de jovens na Igreja Batista de Sunland. Foi nessa época que Paul se matriculou no Seminário de Fuller para continuar seus estudos da Bíblia. Em 1988, eles se mudaram para a cidade de Fresno e Paul continuou estudando à noite. Em 1992, sairam da Califórnia e se mudaram para Woodstown in Nova Jersey onde ele era o pastor dos jovens (meio período) em uma igreja Batista, e aluno no seminário Baptista, agora conhecido como Seminário Batista Teológico Palmer. Em 1994, Paul se formou do seminário e em 1995 ele aceitou o convite da Igreja Batista Calvary em San Bernardino, no estado da Califórnia, para ser pastor titular (tempo integral). Ele pastoreou esta igreja por 21 anos.

Durante estes 21 anos, Paul e sua esposa Karen lideraram a igreja por várias fases, mudanças, ajustes, lutas e vitórias. O nome da igreja foi mudado para NorthPoint, o templo sofreu um incêndio multimilionário, a companhia de seguros que assegurava a propriedade faliu deixando a igreja endividada por conta do incêndio. Mas, com tudo isso Deus sempre se mostrou fiel. O casal, seguiu firme orientando a igreja que mudou seu estilo de Batista Tradicional para mais contemporânea, principalmente no estilo de adoração. Hoje, a igreja Northpoint está unificada, crescendo e buscando fazer a vontade de Deus mais intensamente. Atualmente, a igreja está sob a liderança de Chris Reinhard o filho mais velho do Paul!

Em 2008, Paul entrou no programa de Doutor em Ministério no Seminário Teológico Golden Gate (atualmente conhecido como Gateway). Ele teve o privilégio de estar na turma de Células dirigido pelo Dr. Ralph Neighbor, Jr.

Nos últimos 8 anos, Deus tem aperfeiçoado o foco de Paul. Embora ele adore participar e liderar groupos com um grande número de pessoas, ele sabe que crescimento, realmente costuma acontecer em grupos pequenos e em discipulados individualizados. Estes são os momentos que normalmente moldam o caráter das pessoas e as prepara para a liderança no Corpo de Cristo.

Paul e Karen amam viver a vida com seus filhos Christopher e Jennifer, nora Shannon, genro Jeremy, e seus seis netos Ashlee, Zoe, Hannah, Lucas, Noah, e pequena Lizzy.

Aos 61 anos de idade, Paulo está se sentindo muito abençoado, vivo e cheio de curiosidade em saber como serão os próximos 40 anos! Se você acha que o Paul pode serví-lo em seu minstério ou igreja através de palestras, treinamentos, orações ou algo mais, entre em contato com ele.

Telephone para Contato:
1+909-855-9695 (Estados Unidos)

EMAIL:
PaulMReinhard@Gmail.Com

ORAÇÃO E ANOTAÇÃO:

ORAÇÃO E ANOTAÇÃO:

ORAÇÃO E ANOTAÇÃO:

ORAÇÃO E ANOTAÇÃO:

www.ingramcontent.com/pod-product-compliance
Lightning Source LLC
Chambersburg PA
CBHW081014040426
42444CB00014B/3204